杨郁生　著
By Yang Yusheng

云南甲马

西部民俗艺术

Folk Arts in the West

THE PAPER-CHARMS OF YUNNAN

云南人民出版社

图书在版编目（CIP）数据

云南甲马 / 杨郁生著.-- 昆明：云南人民出版社,
2001.05（2024.7重印）
（西部民俗艺术）
ISBN 978-7-222-03145-6

Ⅰ.①云… Ⅱ.①杨… Ⅲ.①祭祀—少数民族风俗习惯—云南省Ⅳ.①K892.29

中国版本图书馆CIP数据核字(2001)第029343号

丛书策划： 张　立　王玉辉　陈　琦
重印统筹： 赵　红
责任编辑： 王　逍
装帧设计： 王玉辉　张力山
责任印制： 代隆参
责任校对： 溥　思

云南甲马
YUNNAN JIAMA
杨郁生　著

出版　云南人民出版社
发行　云南人民出版社
社址　昆明市环城西路609号
邮编　650034
网址　www.ynpph.com.cn
E-mail　ynrms@sina.com
开本　889mm×1194mm　1/32
印张　8.5
字数　50千
版次　2002年1月第1版　2024年7月第3次印刷
印刷　昆明德厚印刷包装有限公司
书号　ISBN 978-7-222-03145-6
定价　68.00元

如有图书质量及相关问题请与我社联系
审校部电话：0871-64164626　印制科电话：0871-64191534

云南人民出版社微信公众号

总序

云南民间艺术巡礼

黄光成

民族民间艺术作为民俗文化的形象载体，是民族社会中庶民生活形影不离的伴侣。哪里有民族群体生活的炊烟，哪里就飘扬着民间艺术的旗帜；哪里闪烁着民族文化的亮光，哪里就凸显着民间艺术的声形和色泽；哪里拉开了民俗活动的帷幕，哪里就有民间艺术的亮相。民间艺术将一个群体的审美情绪、崇仰意向和生存欲求融合在一起，构成了一个自足的生命感受和表达体系。

俗话说，一滴水可以见大海，一件民族民间的艺术作品也常常或隐或显地透露出一种民族文化的全息图像。

云南的红土高原是人类文化最早的发祥地之一，同时也是多元文化的重要交汇地。在这个包容了七个自然气候带，被高山大河阻隔与勾连的特殊地理环境中，巨大的历史跨度与多样性的人文空间汇集叠加，形成了一个世界罕见的民族文化宝库。走进这座琳琅满目的宝库，首先映入你眼帘的恐怕就是那些楚楚动人的民族民间艺术。云南民族文化的丰富多彩决定了云南民族民间艺术的异彩纷呈。在山老村姑的衣帽裙脚，我们看见了他们用彩线、银泡编织和点缀的神话与美梦；在村舍的房顶屋角，我们发现和泥成精的瓦猫在与鬼灵世界对话的同时透露出了主人的生存意志……

民族民间艺术既是揭示民族文化自身奥秘的“宣言书”，同时也是一种跨文化的世界性语言。它不仅沟通着民族与民族、人与自然、人与神、人的内心与外在的世界之间的联系，也打通了不同的文化层面之间的隔膜，艺术史告诉我们，民间艺术无时不在哺育着上层艺术和文人艺术古今中外许多名垂青史的艺术大师，如中国的吴道子、齐白石，西方的高庚、马蒂斯、毕加索等，都是在民间艺术中汲取了大量的创作源泉，开启了艺术的性灵而获得成功的。形如号称“亚洲水塔”的云南江河一样，云南民族民间艺术何尝不是流淌不息、取之不竭的艺术之河。对于渴望了解云南、解读云南民族文化、品尝民族民间艺术甜美果实的人来说，不通过对它们的具体探究，就难以获得真切的感受，很难说清创作主体是如何凭借民族文化的视角来观物与感物，攫住天籁原趣，还原了生命的自然形态，通过再现或表现，折射出群体性的情感和观念，以及将物象幻化，将幻境物化的点石成金的艺术运动过程。

多少年来，每当我在红土高原上走村串寨，为那些知名或不知名的民间艺人的创作所感动、震撼的时候，我就会深深地遗憾看到这些作品的人太少了。我想如果有一套图文并茂的丛书将云南民族民间艺术分门别类地加以介绍和分析，使更多的人来感受民族文化的旋律，分享审美的愉悦，从中汲取滋养那该有多好啊！

愿这套丛书让好梦成真。

Forword

Overview of the Ethnic Folk Arts in Yunnan

Huan Guancheng

One can't separate ethnic folk arts, as an agent of the image of folk arts, from the daily life of the ethnic people, because it is part of it. Where rises the smoke from the houses of the ethnics, where flutters the flag of folk arts. Where flashes the glamour of ethnic culture, where outstand the sound, the images and the colors of the folk arts. Where unfolds the ethnic activities, where appear the folk arts. Folk arts scarcely come about simply for pure aesthetics, but for the fulfilling of practical needs and pursuit of benefits. Simultaneously, they mix up the moods, the idolatry and the desires for life that belonging to a group, at last, constructing independent life conceptions and a expressional system.

It is said that one can conjure the sea through one drip. Likely,a cultural phenomenon may reflect the entire view of a set of culture; A piece of folk art craft may also either clearly or vaguely shows the holographic image of an ethnical culture. The Red-clay Plateau of Yunnan province is one of the birthplaces of human being, and meanwhile it is also an important crossway of many cultures. The unusual geographic environment which belongs to seven climate belts, is blocked by the mountains and cut by the rivers; a great long span of history and a wide range of culture make certain of the worldwide miracle of ethnical cultural treasury. At the gateway of the treasure house, the first sight would always be the impressive folk arts. The variety of Yunnan folk arts ensures the colorfulness of Yunnan folk arts. By pushing aside the canes and weed, on the bared stones appears the spectacle - paintings brushed with the mixture of animal blood and hematite; along the rim of the attires of the village women, the mysteries and dreams hide among the stitches and silver bubbles; on the ridges of roofs, pottery cats communicate with the ghosts and telling their masters' wills of life.

Ethnic Folk arts are not only a manifesto to their own secrets, but also a language stretching across the cultures. Not only do they tie up ethnics and ethnics, human and nature, interior mine and exterior world, but also break the blocks between the phases of culture, like it is said that, in the world of art, the so-called elite culture and the folk arts are a pair of closest friends. The history of art reveals that the folk arts underneath are always offering nutrition for the upper or academic arts. A great number of masters such as Wu Dao Zi, Qi Baishi in China and Paul Gauguin,

Henry Matisse and Picasso in the West, have absorbed merits and inspired from folk arts.

Yunnan, entitled as the "Water Tower of Asia", is also an endless fountainhead of ethnical folk arts. For those who really want to know Yunnan, to learn Yunnan ethnical culture, to enjoy the fruits of ethical folk arts, without witnessing a great deal of items of image or detailed inspection over the evidence, it will be found difficult to get the real feelings, to prove how the creators evaluate and perceive the world from their own view of ethnic culture, to snatch on the unchanged fun, to return the natural status of life, to reveal the collective moods and concepts by expression or re-expression, to see, as well, the dramatic artistic transition from abstraction to image or vise versa.

For many years, whenever I walked on the Red-clay Plateau, from village to village, being enchanted by the known or unknown artists, I was always feeling regret that so little eyes have witnessed these wonders.I thought how great it is if some books would be published to bring Yunnan ethnical folk arts from disguise. So more and more people could enjoy the melody of ethnical culture, share the joyfulness and absorb nutrition from them.

May this series realize the dreams.

云南甲马

目录

"纸马""甲马"

甲马
呈贡 赵跃鑫 提供

还魂甲马
大理 弥渡

"甲马"是什么?

是中国民间宗教祈福禳灾祭祀活动时用来焚烧的各种各样雕版印刷品的总称。"甲马"上印刷有众多的各类神祇鬼灵，飞禽走兽、自然山川、建筑交通等丰富多彩的图形，是一份极其珍贵的民间美术遗产，更是研究文化人类学、古代哲学思想、宗教民俗、艺术美学等诸领域的重要文化遗产。

这份遗产在我国北方称"神马"，河北地区称"神灵马"，南方的江苏、浙江一带称"纸马"，广州地区称"贵人"，云南称"甲马""甲马子（纸）""纸符""纸火"等。

历史文献中关于"甲马"的记载，经常被引用的是清代虞兆漋《天香楼偶得·马字寓用》：俗于纸上画神佛像，涂以红黄彩色而祭祀之，毕即焚化，谓之甲马。以此纸为神佛之所凭依，似乎马也。

赵翼《陔余丛考》上也有记载：昔时画神像于纸，皆有乘骑之用，故曰纸马。

王棠《知新录》记得更为简括：唐玄宗渎于鬼神，王玙以楮为币，今俗用纸马以祀鬼神。

袁枚《子不语》中也有：天后圣母……有甲马三，一画冕旒秉圭，一画常服，一画披发跣足仗剑而立。在《讨亡术》中还详细地记录有杭州地区"凡人死有未了之事者其子孙欲问无由，必须以四金请陈（巫师）作术……命家人烧甲马于门外"的问魂祭祀过程。

除了这些较为详细的记载史料，文献中也可以找到一些"甲马店""纸马铺"之类的记述。最为大家所熟知的是小说《水浒传》中神行太保脚上的"甲马"故事。

很明显，云南"甲马"是由内地传入的一种汉文化现象，现在内地仍有"纸马"

平安甲马
呈贡　赵跃鑫　提供

丽江
章虹宇　提供

在局部地区流行，如浙江、江苏、陕西、河北、贵州等地。相比之下，云南“甲马”的活动范围和形式种类比内地更为丰富，特色更为鲜明。

“这种种关于自然界，关于人本身的性质，关于精灵，关于魔力等虚假的现象，大抵是以消极的经济因素为基础”（恩格斯），“纸马”在中华大地上曾有过辉煌的历史，随着正统宗教的确立，社会经济的发展，人的意识不断更新，带有浓厚巫术色彩的“纸马”，逐渐退出了历史舞台。相对滞后的云南却意外地保留了这种原始宗教现象，在漫长的发展过程中，经过本土文化的不断渗透融合，形成了独具地方民族特色的云南民间宗教艺术。这种独特的民族性，首先就体现在称谓上的不同。内地汉族以“纸马”为主，云南以“甲马”为主。“纸马”和“甲马”之间虽只一字之差，正是这一字之差，出现了宗教内涵上的不同情感和

追魂甲马
洱源

晋宁

宗教心理上的不同信仰，在外来名称选择上，体现了云南先民们的聪明和自信。“纸马”“纸火”的称呼显得有些肤浅，是一种就事论事的通俗直解，属于术语规范的一般化。“甲马”的称谓中确实多了几分耐人寻味的含蓄，更多的是神秘的超自然力量的精神内涵和形而上的宗教意蕴，充分体现了延续云南鬼文化的历史必然。这一字之差，也正好突出了自我特征，在不愿与其他地区趋同时，展示了云南民族的固执和自豪。

在全国各地的不同称谓中，“马”是其核心主题。马是历史上非常重要的交通工具，取其快速而外，在云南“甲马”中增加了来往于人神之间的神圣使命，祭祀时请神驱邪、镇妖降魔，招魂送灵、祈祷平安等一切祈福禳灾的活动中，就是靠这匹“甲马”把祈祷者的请求或心愿，迅速地传递给神灵。

大理白族地区的巫师，绝大多数家中设有神坛，神坛上没有神像，也没有牌位，插满了红黄蓝绿的各色纸旗，正中有一个香炉两盏清油灯。这些纸旗三年要换一次，换旗仪式严肃神秘，焚烧换下来的旧旗时配一张“精神甲马子。”巫师每逢初一、十五，都要在神坛前跪拜祈祷，焚烧“甲马神”。这匹“甲马”成了巫师赖以生存的最大法宝，能通天入地的巫师，能请来八路神灵，能召回阴府亡灵，巫师的神通全仰仗于这匹“甲马”。

历史文献记载中的“甲马”或“纸马”与云南的“甲马”存在许多宗教意义上的重要差异。史料记载中没有明确内地的“甲马”“纸马”是雕版印刷品，当然，古代“画”字的包容量很广，除了指绘画而外也包括其他的表现形式，“画”字既不排除雕版印刷，但也不明确包含了雕版印刷品，我们姑且不去探究文献记载中的那些“甲马”“纸马”是不是雕版印刷品，我们来看

一下他们是如何解释"甲马"或"纸马"的："皆有乘骑之用，故曰纸马"（赵翼）"以此纸为神佛之所凭依，似乎马也。"（虞兆隆）"命家人烧甲马于门外，......见当方土地，背负一包囊，牵马命（巫师的助手，一童子）骑，同至冥司寻亡过人。"（袁枚）。老先生们的措辞虽不相同，但意思是一致的，是"乘骑之用"，是"似乎马也"的"神佛之所凭依"。总的都把马当成一种交通工具，是画于纸上的神佛们的乘骑。云南"甲马神"绝对不是作为神佛的"乘骑"用的，是人神相通的重要媒介，是人神感应的唯一精神载体。所以云南"甲马"神有时就直接写上"精神甲马"，还有专职使命的"报喜甲马""孔雀甲马""追魂甲马"等。云南"甲马"几乎遍布全省，来自远古宗教内涵的崇拜神祇多数雷同，艺术表现手法千姿百态，祭祀仪式五花八门，随意自由以至出现了表面上的混乱。作为一种宗教现象，不管他处于何等原始的阶段，仍然有他自身的定律定规在相对稳定中框定出基本概念，普遍现象中，云南"甲马"就有最基本的三大要素：

1. 雕版印刷品
2. 使用时必须配一张"甲马神"
3. 祭祀时必须用火焚烧。

只有在这最基本的三个要素的约束限制下，才能浓缩概括地把一种民俗宗教现象用"甲马"来作为他的名称。

中原汉族地区何时使用"纸马"？"纸马"何时传入云南？史料记载几乎是一个大空白，空白成了棘手的历史悬案。汉族地区的"纸马"可以根据中国雕版印刷史作出历史的推测，云南的"甲马"也同样只能通过南文化史去寻找接近历史的最大可能性。

弥渡
高金龙　提供

甲马　大理

起请甲马
周城

保山
高金龙　提供

甲马
楚雄州（彝族）
高金龙　提供

大理白族民间艺人印刷“甲马”

“甲马”木刻原版

摄影杨嘉尧

历史追溯

远古幽灵

历史是风筝，飞得越高的风筝越怕断线。

历史是汇成大海的涓细流，面对浩瀚的汪洋，很容易使人忘了山泉的幽远。

170 多万年前，云南这块红土地上就已经生活着人类祖先之一的元谋人，他们知道火的温暖，懂得用石头敲打石头来制造工具。元谋人遗址的意义就像从地下挖出来的那几块门齿化石一样的简单，遗物中没有任何可以引发文化联想的东西，远古人类的思维也像化石那样的僵硬冷漠。

随着考古新发现，历史不断向我们走近。

距今4000余年前的新石器时代的先民们，讲给我们的故事虽然简短含糊到近乎密码符咒，但我们仍然可以在扑朔迷离的情节中感悟到一些先民们大脑活动遗存的理念思维。

大理宾川白羊村和楚雄元谋大墩子新石器遗址的墓葬中，不仅埋藏着先民的遗骸，也深藏着他们的原始宗教观念。

宾川白羊村遗址墓葬共34座，其中有无头葬10座，墓主人的头哪里去了？“经过人骨鉴定，无头葬与其他葬俗的死者没有明显区别而属同一氏族部落，由此推测，当时先民似乎盛行猎头习俗。他们将亲人头颅视为神圣的崇拜物而供奉于别处。直到近代，南洋群岛的达耶克人还有此俗，我国部分原始民族为了农作物得到丰收，每年均要举行‘孕育’仪式而使土地恢复孕育能力。晋宁石寨山青铜文化墓地出土的三件‘人物屋宇镂花铜饰物’铸‘干栏式’屋宇，正中开有小窗，各供人头一个。”（网勇《试论云南新石器文化》）

“猎首习俗”是云南祖先崇拜的最早

原型，也是原始宗教的雏形。

白羊村遗址墓葬34座中除了有 10座无头葬，还有10座是瓮棺葬。瓮棺，也就是以陶罐当棺的葬俗。瓮棺的死主多数是幼童，瓮棺墓地都在住房四周。这种与黄河流域仰韶文化关系密切的葬俗，在楚雄地区的大墩子遗址中也同样发现。两地出土的瓮肩部、腹部或底部均有人为敲击而成的1~3个圆孔，这些圆孔的作用，是供死者灵魂出入。

瓮棺上的小圆孔记录了先民们的精神活动，也算得上是人类智慧的创造，自然属性的身体外，还有一种永恒的、不会死去的，飘忽游荡、肉眼无法看到的灵魂或魂魄。灵魂不灭和万物有灵的原始宗教观念，使人类与大自然取得了精神意念上的和谐。

人是由自然属性的肉体和精神意念中的灵魂组合而成，肉体死亡后，灵魂照样存活着，为了使死者的灵魂获得生前的物质享受，随葬品由此而兴盛。

从白羊村和大墩子两处比较有代表性的新石器遗址的墓葬发掘中，发现有随着不同的身份或死亡原因而出现不同的葬式，墓葬中逐渐出现了随葬品，随葬品的放置出现了一定的规律，这些迹象说明了当时的宗教观念正处在发育成长的幼儿时期。

也许，许多的元谋人花了几十万年的时间，离开云南、走向茫茫的远方，去寻找更佳的生存空间。黄河流域的华夏祖先，却在四千多年前，的的确确携儿带女，成群结队地来到过云南，穿孔石刀，三足陶鼎，瓮棺葬……都以其明显的黄河文化特征，丰富云南新石器时代的生活内容。

就在这种南来北往的人群迁徙中，人类的远古思维，终于发现了超自然力的精神存在，灵魂观念的诞生，是人类进化过程中划时代的里程碑，点燃了人类智慧的明灯，播下了宗教的种子，真正意义上使人类迈入了物质与精神互相关联的文化历程。

“楚辞”神韵

早在春秋时期，云南一直是秦国和楚国垂涎三尺的“生金之地”，在秦、楚的激烈竞争中，封闭的云南大门被打开了。楚国捷足先登，在现在的楚雄地区设官吏，开采黄金。

大约在春秋中期或战国初期，滇国开始登上中国历史舞台，强大的奴隶制地方政权虽然发展到“汉执我大”的盲目狂傲，但他自始至终已无法在被打开的大门上重新锁上自信的铁锁，中原文化仍然不失一切可乘之机，插足滇国的腹心地带。来自中原的文化中，冲击力最大和影响面较广的当数来自荆楚的楚文化。

楚国的骄傲和楚文化的代表屈原，留下了千古绝唱的《楚辞》。《楚辞·天问》中“水滨之木，得彼小子”的诗句，在云南被演化出“水中触木，生九子”的“九隆”神话。《招魂》中：“魂魄离散，汝筮予之。……魂兮归来，去君之恒干。……长人千仞，惟魂是索些。”《招魂》的主题是“魂兮归来”。全诗借“巫阳”（巫师）的口气。描绘了现实社会的凶险，要把水深火热中的魂招回到故乡，去享受和平安祥的幸福。屈原借巫阳之口写出的《招魂》，仍然可以在云南各地的《招魂歌》或《招魂词》中找到同样优美的韵律。

屈原的《九歌》是一组祭祀鬼神的乐章，《九歌》这种艺术表现形式，本身就是楚国巫师用来祭鬼的一种“祭歌”。楚国巫师在表演时，载歌载舞，有优美的音乐伴奏。每次表演由一名主巫领唱，假托神灵附身，主巫以神鬼的身份出现，庄重地替代神鬼向祭祀者发问，或回答祭祀者的请求，其余的巫师配合主巫迎神，送神，颂神，娱神。屈原《九歌》的写作方式仍然遵循了这种基本原则，全诗以神鬼的口气来表达自己的感情。公元前340多年左右的巫师们的祭祀表演，直到现在仍然在云南巫师身上找到数千年不变的基本原则的

周城

历史重复。

《九歌》中出现了众多神话传说中的江海山岭，神话中的历史人物，还有许多神鬼：“湘君”湘水之神。“少司命”专管人的子嗣和儿童命运之神。“东君”就是万物生命之源的太阳神。“山鬼”，就是山神，郭沫若先生考证是“巫山神女”。在《天问》中奇奇怪怪的神鬼不断出现：有“河伯”（黄河之神），“鳞鱼”（人面鱼身的怪物），“鬿堆（吃人的大鸟）”，“烛龙”（人面蛇身之神），“应龙”（长有翅膀的飞龙），“女歧”（职管儿童的九子母），“萍号”（雨师）等等。屈原笔下的这些神鬼，可以说一个不漏地还活跃在云南的老百姓心中，一个不漏地演化成名称不同但职能不变的“甲马”神鬼。

许多史学家都惊奇地发现，屈原笔下的许多神鬼仿佛来自金沙江流域。也许是云南凝结了来自湘江的飘灵，或者是云南万物有灵的原始幻化与内地不谋而合。简而言之，春秋战国时期，整个中华大地上的各种民族都在巫术这条起跑线上。

战国末年，楚庄王苗裔的楚国大将军庄蹻，率领数千人（也有万人之说），在屈原“济沅湘以南征兮”的政治主张感召下，由湘西溯沅水，经且兰到夜郎（今贵阳以西），再沿现在的滇黔路到达了滇池地区。时值风云突变，秦国灭了楚国，庄蹻在无可奈何中选择了“变服，从其俗以长之”。

“庄蹻入滇”这已是历史事实，“庄蹻开滇”建立了“滇国”的说法却难免有些誉美粉饰之嫌。《史记正义》中记载有：（前310年）“属滇国”的“丹、犁二国降秦”，说明庄蹻入滇时，滇国早已存在。不管怎么说，庄蹻在云南历史发展中的作用和地位是毋庸置疑的，他是直接而且长远地将楚文化带进云南的先驱。

史载“今西南诸夷，庄蹻之后”，“自夜郎滇池以西，皆庄蹻之裔”“自夜郎以西，皆曰庄蹻余种”。“如果从民族融合和滇楚文化合流来理解，这些记载是有一定意义的”。（马曜《马曜学术论著自选集》）

李昆声《云南考古学论集》

滇国在云南历史上是意义重大的转折点，他结束了“无君长”“随草而居”的原始经济，完成了统一大业，建立了强大的奴隶制地方政权，使云南“跨进了阶级社会的门槛”。不但有力地促进了云南社会经济的迅速发展，在文化上创造了完全可以与中原相匹敌的辉煌成就，滇国的文化艺术代表之作，就是为世人所瞩目的青铜艺术。

新中国成立后，在滇池地区的江川李家山，晋宁石寨山，洱海地区的祥云大波那，楚雄的万家坝等地发掘出土的大量青铜器，汇成了叹为观止的滇国艺术长廊。在这些精彩绝伦的青铜器中，除了有中原文化影响的印迹，更多的是鲜明独特的地方民族优势，构结成了自成体系的“云南青铜文化”，在中国乃至世界美术史上占有无可替代的一席之地。

滇国青铜艺术品的内容，除了战争、狩猎、纺织、纳贡，放牧等生活场面，更多的是以反映滇国宗教活动为主的题材：惊心动魄的杀人祭柱，激动人心的剽牛祭祀，轻快优美的羽舞，活泼潇洒的赛舟，祥和欢快的播种，肃穆庄严的祭祖等活动场面中散发着万物有灵的虔诚，出人头地的巫师（鬼主）随处可见。

出土于呈贡的一个铜鼎，鼎足铸有一位头戴羽冠，身披铠甲，手举仪仗，威严而又神秘的巫师，生动地记录了“布道行法”时的神态。

经过化装的巫师形象成了滇国青铜艺术品祭祀场面中最引人注目的中心人物。

出土于晋宁石寨山的“四人乐舞俑”，用现代的眼光去欣赏，是精彩的舞蹈艺术表演，在两千多年前的滇国，这种舞蹈的目的，明显的是一种宗教祭祀中“娱神”的活动，为了取得神鬼的欢心，献媚悦神也是一项重要的宗教内容，这种以歌舞表演形式渲染出祭祀的结束，也是祭祀的高潮，直到现在仍然薪火相传。

可以说，滇国青铜艺术品中，凡是出现与众不同的化装人物在音乐舞蹈中表演的人，十之八九是巫师的“巫舞”表演。贮贝器上线刻的头戴羽冠，手举仪仗或兵器的舞蹈者，或者是众多妇女围成圆圈如痴如醉地手舞足蹈，“八人乐舞扣饰”中服饰华丽，动作奇特的奏乐和舞蹈者，都是通过艺术表现形式在认真严肃，诚心诚意地“请神”“跳神”“送神”“娱神”。当时的滇国很可能还没有出现明确的“神”这个概念，准确地讲，滇国的一切宗教活动都是在与“鬼”交流感情。

汪宁生《云南考古》

在滇国的宗教祭祀中，最庄严隆重的活动是“祭柱”，“祭柱”是滇国的举国大事。“祭柱”的宗教内涵，许多史学家都基本统一解释为“祭天”。通过庄严隆重的祭祀，举国大事向他汇报，获得他的恩准，得到他的神助能保佑滇国的最高神（鬼）就成了以“柱”为象征的天。处在奴隶制社会的宗教观念中，鬼是一切超自然力量的抽象象征物，滇国的“祭柱”解释为是在祭“天鬼”，云南宗教发展到两晋时期的“鬼文化”才能找到历史的构合。

出土于洱海区域的祥云大波那铜棺的两侧，精细流利的线条刻画出各种动物，有虎、野猪、蛇、蜥、鹰、燕、鹿、马等，这些笼罩着一层神秘色彩的生动形象，史学家们都在按各自的理解作出不同的注释，但有一点是极其统一的，那就是，这些动物身上都蕴藏着难于用文字表述的巫术内涵。还有在各地出土的铸有动物或人物的各式“杖头”，学者们的解释各一，虽然没有确切的证据表明这些“杖头”是巫师祭祀时使用的仪仗装饰品，把他解释为是一种地位、身份、权力的象征是一定会获得普遍认可的，不过，在古代的权力中又无法排除更多的宗教成分。政教合一的南中时代给我们提供了很好的证明。

李昆声《云南考古学论集》

昭通后海子东晋霍壁画

昭通"梁堆"石棺画像

东汉末年，强大的滇国消失了，消失得是那样的突然，那样的彻底干净，那样的神秘莫测。如果没有新中国成立以后考古工作者从地下为我们挖出了"滇国"，在此之前的许多史学家都在怀疑，司马迁《史记》中的记载是不是弄错了。

从三国开始一直到南北朝，原滇国活动地区的"西南夷"，史书上称为"南中"。

南中时期的云南历史显得有些苍白，政治、军事、经济、科技、文化诸方面都没有什么值得夸耀的建树，此时期出土的大量文物，已找不到滇国的民族自信和民族的个性，中原汉文化几乎占据了文化发展的重要空间。被康有为评为"古今楷法第一""神品第一"的大小二爨碑的书法，墓葬中的四灵（朱雀、玄武、青龙、白虎）、六博、铺首、戟吏，还有人首蛇身的伏羲、女娲，长有翅膀的西王母以及大量花砖上的汉字题识很好地讲解了南中时期的云南文化发展特征。"我省这些画像石刻的内容，无一不是内地汉、晋、南北朝时期画像石上流行的题材，而且绝大部分反映出储家及道家思想”（孙太初《鸭池梦痕》）。

昭通晋基壁画，东壁的云纹上绘有“白虎”，西壁的空中有“青龙”，东侧有“朱雀”“玄武”。汉文化对南中的影响深深地留在墓壁之上。“东汉以降的700年间，云南的主要交通线上诸大城市，其美术的主导倾向，已经和内地汉族美术接轨”（李伟卿《“南中大姓”美术简貌》）。

如果从云南宗教史的角度来巡视一下南中的史料，“政教合一”的出现算得上云南历史中宗教地位最辉煌，宗教活动最风光的一段岁月。

“夷中有桀黠能言议屈服种人者，谓之耆老，便为主。议论时好譬喻物，谓之夷经今南人言论，虽学者亦半引夷经”（《华阳国志·南中志》）。

“耆老”又称“希老”“耆帅”，他们即是宗教祭祀的主持者，又是部落集团的政治军事大首领。《资治通鉴》中就记载有：“益州郡守耆帅雍闿杀太守正昂”，雍闿、孟获都是身兼多职的部落首领，是“政教合一”的领袖人物。这种特殊的社会形态，一直伸延到初唐，《蛮书》上就有：“大部落则大鬼主，百家二百家小部落亦有小鬼主，一切信使鬼巫，用相制服。”何为鬼主？“夷人尚鬼，谓之祭者为鬼主”（《新唐书·南蛮传》）。“夷俗尚鬼，谓主祭曰鬼主，故其酋长号都鬼主”（《宋史·蛮夷传》）。初唐之际，南中地区出现了“鬼主”这个新名词，但他的地位，职能与“耆老”没有任何区别，仍然是一方之酋长或最高首领。

崇尚巫鬼是南中时期的宗教特色，“其俗征巫鬼，好诅盟、投石、结草，官常以盟诅要之”。（《华阳国志·南中志》）。诅盟，就是双方通过对天、对鬼神发誓，在鬼神的督视下使双方产生约束而遵守诺言。这种诅盟的遗风我们还可以在大理白族地区的甲马中找到踪影。

泪源

云南美术史上意义重大的历史事件是三国时诸葛亮为云南夷人所作的“图谱”。《华阳国志·南中志》记载：“诸葛亮乃为夷作图谱，先画天地、日月、君长、城府；次画神龙，龙生夷及牛、马、羊；后画部主吏乘马幡盖，进行安恤”。一般都认为，是聪明的诸葛亮教会了云南懂得绘画，是诸葛亮为云南的绘画史翻开了第一页。《图谱》的历史意义任人评说，《图谱》却形象地为我们再现了古代云南巫术的深刻意义，记载说得很清楚，《图谱》的目的是政治上的“进行安恤”，诸葛亮只不过是“顺人得心”地将在云南早已成了一种经久不散的风尚，系统、完美、规范成一件“以夷制夷”的宣传品。

在诸葛《图谱》之前，云南就已出现了绘画。“永平（58~75年）中，益州刺史梁国朱，……在益州数岁，宣示汉德，威怀远夷。……是时，郡尉府舍皆有雕饰，画山神，水灵，奇禽，异兽以炫耀之，夷人益畏惮”（《后汉书·管都夷作》）。云南最早的这些绘画，来自楚国的文化影响是明显的，“楚有天王之庙及公卿祠堂，图画天地山川神灵、琦假及古圣贤、怪物行事”（王逸《楚辞章句》）。在《后汉书》中还记载有云南“图画二十八将于南宫云台”的事迹。

翻开云南美术史的最早篇章，我们虽然见不到美术品的真实面貌，从东汉时期的郡尉府舍的壁画到“夷甚重之”的诸葛“图谱”巫术的宗教精神在主宰着造型艺术。

纸祭“石公”

西晋时（约265年），“云南郡山，山有祠，处石室称黄石公，祀之必用纸一百张，笔一双，墨一丸，室内有启，必知吉凶”。（《九州要记》）。在晋人干宝选编的《搜神记》中也有记载：“益州之西，云南之北，有神祠，自称黄（石公）。因言此神，张良所受黄石公之灵也。”

黄石公与鬼谷子齐名（也有认为黄石公和鬼谷子就是一人），是中国民间传说中的方术大师。《史记·留候世家》中讲述了一个故事：张良年轻时勤学好问，偶然的机遇在桥上遇到一位老人，张良向他请教，老人态度傲慢，把鞋甩在地上，要张良把鞋捡来，还要张良替他把鞋穿好，张良一一依了老人，这位老人收了张良为徒弟，赐他一本《太公兵法》，告诉张良说：“读此，则为王者师矣，后十年兴。十三年，孺子见我济北，谷城山下黄石即我矣。”10年后，张良果然当上了汉高祖刘邦的首席军师，13年后，张良到谷城山下，果见有黄石，取而建庙祀之。

西晋时云南郡山“石室”中的黄石公，与《史记》记叙的张良拜师的故事就是一回事，从故事本身到祭祀的对象都与自然崇拜有关。谁也说不准，像黄石公、鬼谷子这些神话人物，中国历史上是否真有其人，单从对黄石公的崇拜中，这位神奇的人物最后归宿成一块黄色的石头，把他归纳为自然崇拜现象一点也不勉强。西晋时云南郡山的“石室”虽然算不上云南最早的自然崇拜对象，不过，用纸作为祭品的记载的的确确是非常珍贵的史料。史料中没有讲明纸上是否书写了文字或绘有图画，祭品是否“祭毕焚

之”？不过，早在1700多年前，云南的先民们就已经用纸来作为与神交流的祭品，这种现象已为现在的云南甲马找到了远古的胚，找到了本质意义上的根和源。

云南用纸的最早记载是《三国志·吕凯传》：“都护李严与闿书六纸，解喻利害，闿但答一纸”。

中国以纸为祭品的最早记载是《唐书·王玙传》“汉以来葬者皆有瘗钱，后世里俗稍以纸寓钱为鬼事，至是玙乃用之。”史料中记载的是“以纸寓钱”的风俗可追溯到汉代，许多学者都认为这种“以纸寓钱”与“甲马”的产生有密切的关联。清代王棠在他的《知新录》中就率先提出了这种观点：“唐玄宗渎于鬼神，王玙以楮（纸）为币，今俗用纸马以祀鬼神。”

从滇国巫风到南中耆老，从诸葛图谱到纸祭石公，我们可以在这千年的时间隧道中，找到历史与“甲马”的联络信号，巫鬼信仰，巫画流传，以纸为祭品，这些都是萌发甲马的沃土，不过还缺少了一个破土而出的重要条件，那就是雕版印刷术。

南诏妖术

南诏，是云南历史上最辉煌的200多年，于7～9世纪，建立于以洱海地区为中心的多民族地方政权。南诏前期，洱海地区出现了各自为政的六个部落，史称“六诏”。在群龙无首的混乱中，六诏中的蒙舍诏在唐王朝的大力扶持下，合六诏为一，实现了地方区域性的统一，产生了臣属于唐王朝的地方政权。蒙舍诏因位于洱海南边（今巍山县），统一后政权以南诏而得名。唐开元二十六年（738年），唐王朝正式册封南诏王皮逻阁为云南王越国公，赐名蒙归义。史学界都以此为南诏建国之始。南诏统一了洱海地区之后，不断扩张自己的势力范围，经过几代人的苦心经营，滇池地区成了他的第二政治文化中心，南诏不但将整个云南纳入其统治范围，四川、贵州、广西、泰国、越南、缅甸的许多地区都臣属于南诏，四川西昌地区成了南诏屯军的军事要寨。南诏的不断强盛和不断对外扩张，对唐王朝造成了严重的威胁，唐诏之间的矛盾与日俱增。

唐天宝年间（742～756年），大唐帝国与南诏之间的矛盾终于发展到了流血的政治冲突。

751年，唐朝廷兴师动众，派鲜于仲通为征南大将军，率领8万人马开赴云南。想不到，装备精良的8万唐军遭受惨重失败。

754年，朝廷派大将军李宓率领7万人马再次向南诏大举进攻。结果，唐军全军覆没，主将李宓投江自尽。唐军这两次向南诏用兵，史称“天宝战争”。

天宝战争激发了大诗人白居易的创作灵感，写下了不朽的长诗《新丰折臂翁》。

天宝战争也给了狡诈无能的政客编造谎言的机会，其谎言可笑到“李宓被沉死……皆（阁）罗弟阁陂和尚及凤妃白氏行妖术。”（《南诏野史》）把天宝战争的失败原因都推托为南诏使用了妖术，这种无稽之谈的背后也反映出当年的南诏确实盛行巫术。

南诏王阁罗凤的弟弟阁陂和尚是一位云南阿吒力的代表人物，传说中他有异术，一日可来回于南诏吐蕃之间，他经常亲临沙场作法，曾多次请来天兵神将，击败数万的唐军。阁陂被尊称为佛门弟子，在剑川石窟中有他的石雕坐像，身披袈裟、手持念珠，俨然一位尊者，外表是一位和尚，实则是手握政治军事大权，“信佛事巫”的大鬼主。

南诏与唐王朝发生军事冲突时，阿吒力的巫术起到了重要的作用，南诏与唐王朝分久必合后，与吐蕃刀戈相见时，仍然离不开克敌的法术。“南诏考桓时……诏与吐蕃战、嵯酋（阿吒力法师）建坛于峨岷峰顶，

持咒助兵，吐蕃见天兵云屯，遂奔北。”（万历志）

“蒙氏所祖佛教，为秘密法，与牟尼教微不同，蒙氏以其术兴皆邪教也。”（曹树翘《滇南杂志》）与正统的佛教比较，把阿吒力称为邪教也有一定的道理。明太祖也曾特申禁令，不许传授密教，视云南阿吒力为土教。

到了清康熙年间，皇帝的禁令中也有阿吒力，因其“非释非道，其术足以动众，其说以惑人，此固盛世之乱，民王法所又禁者也。”（康熙志）为了预防盛世之乱，对阿吒力的严加管理是政治的需要，作为佛教的阿吒力也实在有些太离谱了。阿吒力重术轻道，怪异之迹非常接近巫术妖业，史料中记载的阿吒力僧，“常乘龙而往，”“持钵……念咒，钵内火光烛天”“降龙役鬼，应验如神。”

“化水石为酒食：能咒猪头为鬼魅、化蔓草为龙蛇。”

在佛教的大趋向冲击中，上层人物中的巫师都像阁陂一样披上了佛教的外衣，名字后面也出现了和尚比丘尼的新名词，但是“信佛事巫”的本性却很难移改，云南佛教出现了阿吒力之后，云南佛教的面目在多源汇融中铸塑出多元杂糅的复合型嘴脸，其最明显而又最具地方性的特征，莫过于“重术轻道”，“重术轻道”中的术也就是土生土长的鬼文化的具体实验者巫师，在具体实施中使用的巫术。

早在东汉时期，云南叟人的部落首领都是政教合一的“耆老”，从东汉开始，云南几乎所有的境内民族都崇尚巫鬼，都以鬼主（耆老、希老）为政治首领。在庄严神圣的政治宣言式的《南诏德化碑》碑文中，仍然能见到社会地位极高的鬼主参加了国家大事。在佛教被确立为国教，鬼主们逐渐退出历史舞台，成了专职的巫师“朵兮薄”，他们交出的只是政治首领的权力，作为本土的宗教地位仍然根深叶茂。直到明代中期，国家在云南设置的文化宗教机构中，仍有朵兮薄不可动摇的地位，有朵兮薄司与儒学训导司、僧纳司、道纪司、阿吒力司平起平坐，是官方认同，批准的合法职业。

敦煌“金刚般若波罗经卷首图”（唐 · 咸通）

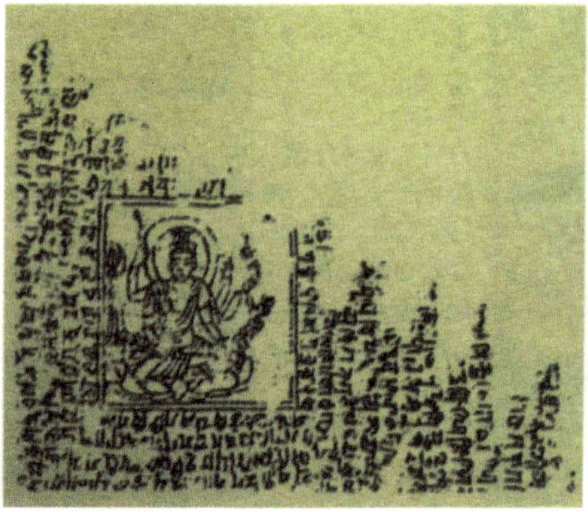

四川“唐梵文陀罗经咒图”（唐 · 志德）

雕版印刷

甲马是巫术利用雕版印刷技术，通过木刻印刷而成的一种宗教造型艺术品，他的产生离不开三个条件，一是巫术信仰、即不成文的思想理论，二是造纸术，三是雕版印刷术。

我们已经对云南历史上有关巫术的行踪轨迹，在匆忙中做了走马观花的介绍，想必读者会得到一个粗浅的印象。

在滇国青铜艺术中的各种祭祀和祭祀中的巫师形象；东汉益州郡尉府舍壁画上那些深受楚文化影响的巫风神灵；三国时诸葛亮的“龙生夷”图谱；西晋时云南郡山用纸为祭品祭祀“石精”黄石公；南中的“耆老”到南诏的鬼主，阿吒力与巫术妖法。这数千年的沉淀为云南甲马的产生，创造了良好的基础。

我们还必须了解的史料就是云南造纸术和云南雕版印刷术。

云南史料中有关使用纸张的记载最早是在三国及两晋时期。《三国志 · 吕凯传》载：“都护李严与闿书六纸，解喻利害，闿但答一纸”。出于晋代文人笔下的《九州要记》和《搜神记》都记载了同一件事；在祭祀黄石公时“必用纸一百张，笔一双，墨一丸。”

据《玉海》记载：“南诏（王）及清

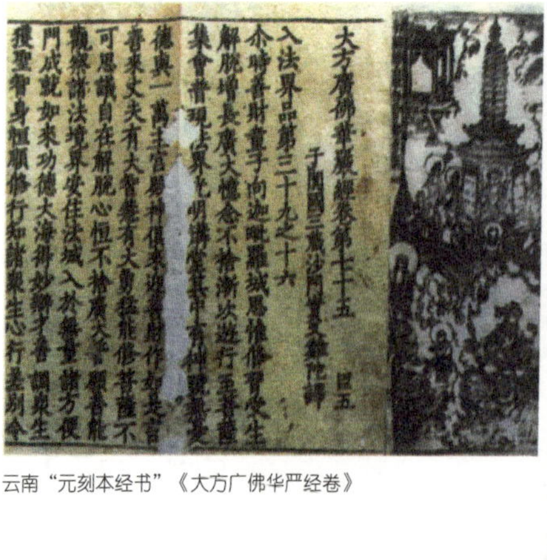

云南“元刻本经书”《大方广佛华严经卷》

平官用黄麻纸”。黄麻纸是唐代时期的四川特产，南诏宫廷使用的纸张应该是由四川进口的，路途遥远、价格昂贵，这种来之不易的进口纸更能显示宫廷的特权。当宫廷在使用黄麻纸时，南诏民间却在使用这一种粗糙的土纸，这种纸很可能是当地人自己生产的劣质纸。

“《护国司南抄》写经纸的出现，证明晚唐时期云南已经生产绵纸，而且纸质优良。大长和国时，赵和奉使北上，因川陕变乱，道路不通，遂在大渡河南起舍一间，留下‘信物十五笼’，‘上大唐皇帝舅奏疏’一封，‘杂笺诗一卷’，‘彩笺一轴’，‘其纸厚如皮’。这些物品，是带去向唐王朝进贡的，表明它们是云南的土特产。‘彩笺’是棉质的加工纸。这可作为《护国司南抄》写经纸是云南出产的佐证。”（张锡禄《大理白族佛教密宗》）

造纸术很可能是由四川传入云南的，时间在唐代。虽然拿不出确切的证据实物，也找不到详尽的史书记载，但是许多历史迹象都在提示这种可能性：造纸术和雕版印刷术，唐代由四川传入云南。

我们先来了解一下中国雕版印刷史。过去一直把出土于敦煌的那副咸通二年（861年）的《金刚般若波罗蜜经》木刻插图当成中国最早的版画作品，近年来，又在四川成都出土了一件比它早一百多年，唐至德二年（757年）的《梵文陀罗经咒图》，改写了中国版画史的第一页。《全唐文载》：大和九年（835年）“准敕，禁断印历日版，剑南两川及淮南道皆以版印历日鬻于市。每岁司天台为奏下新历，其印历已满天下，有乖敬授之道”。说明了当时四川及与四川接壤的云南地区的印刷术已极为发达。有必要交代一下，三国至晋代时，云南被称为“南中”，南中的地理位置除了云南外还包含川西的大块地区，和唐代设置的剑南道一样。古代的四川和云南因在地理上的相互参错，文化也相互影响。

战争是破坏性的，但在残暴的战争中，科技文化却找到了交流的机会，推动着社会的发展。在唐王朝的扶持下，蒙舍诏合六诏为一，建立了南诏国，南诏与唐王朝之间的关系一直密切友好，先进的汉文化不断从政治中心长安经过四川的中转输送到云南。天宝前期，出于自身利益的考虑，南诏与吐蕃结成同盟，致使唐诏反目，经济文化的封锁使南诏多次发起对外掠夺的战争。太和三年（829年）南诏军队攻入成都，“掠子女工巧匠数万，引而南。”（《新唐书·南蛮传》）“俗不能织绫罗，自太和三年，蛮贼寇西川，掳掠工巧儿及女工，如今悉能织绫罗也。”（云南志）在这些被掳走的人中，除了作为奴隶的劳动力之外，还有知识分子，这些知识分子被掳走后成了南诏的清平官，数万人中的能工巧匠也一定会得到胜利者的保护和利用，对云南的经济文化无疑是发展中的新动力。史书上志记载了几位清平官和防治技术是南诏最大的战利品，作为川西地区相当发达的造纸术和雕版印刷术，我们不清楚其是否在唐诏友好之时就已传入云南，但可以肯定，南诏的战利品中不会缺少这两项社会发展中非常重要的先进技术。

史书还有一则记载：“开元二年（714年）遣其相张建成入朝，玄宗厚礼之，赐浮屠像。”（“浮屠”为梵文Buddha的音译，同“佛陀”“佛图”）在另外的记载中有：“赐浮屠像并经书。”也有记载为：“赐金刚经一部”因此建金刚城。如果这记载可靠的话，早在开元年间，内地的经书（多数为雕版印刷品）已传入云南。

云南目前发现时代最早的佛教经卷，是于大理三塔发现的南诏时期的手写本《护国司南抄》。20世纪50年代，在大理北汤天法藏寺发现了3000多册的经卷，其中也有南诏、大理国时期的唐宋珍本，最多的是元明时期的经卷。这批珍贵的文物，绝大多数为手工抄写的写本经卷，雕版印刷品的时代只限于元代和明代。这种情况和大理佛图塔出土的经卷很相似，大理佛图塔建于南诏时期，出土的经卷大部分为元代遗物。大理北汤天法藏寺发掘出的，元延祐五年（1318年）由昆明清凉山报国寺主持刊刻的《大华严方广普贤灭罪称赞佛名宝忏》，书法工整，雕刻精细，印刷清晰，卷首的版画尤为精美。佛图塔出土的元代刻经卷，卷首都有构图严谨、线条流畅、形象生动的版画作品，这些元代的经刻，反映了云南雕版印刷技术已相当成熟，已可以与内地印刷技术相媲美。

关于大理佛图塔出图的经卷，因历时久远，风雨侵蚀、虫吃鼠咬，破损十分严重，一些经卷已残破到无法辨认，所以清理工作中只能提出"可能有少部分大理国时期的文物"。通过一公开发表的佛图塔经卷亲历目录，有些经卷的时代需要进一步研究考证后才能确定。如目录表中编号43的卷轴装《大方广佛华严经卷》，纸张、印刷较完整，在备注栏中有"大唐□□"，但清整时并没有标明时代。而张秀明先生的《中国印刷史》，却把原件为手写本的《佛说长寿命经》误认为大理国时期的第一种雕版印刷本。这说明，对佛图塔和法藏寺的这批经卷还有待进一步认真地深入研究。

李晓岑在《白族的科学与文明》中写道："佛图塔还出土集中可能是大理国时期的木刻经卷，但可惜腐朽太甚，已无年代可考。笔者（李晓岑）在调研中，也发现在云南省图书馆收藏的北汤天经卷中，有些刻经因破损严重已无纪年，但在馆藏微缩资料分类中，就归入大理国时期的经卷中，所以，是否白族先民的印刷术出现在大理国时期，还有待于对已有刻经的进一步研究和将来的考古发现。"

中国雕版印刷史，"以今考之，实肇自隋，行于唐，扩于五代，精于宋人。"（孙毓修《中国雕版源流考》）孙先生的论断是可靠的，不过，"肇自隋"只是一种史料文字记载的推理，"行于唐"则有实在的实物作论据。云南的雕版印刷史应该与此相符。

我们能亲眼见到的，中国最早的印刷品实物，无论是敦煌的、四川的还是云南的，其服务对象都是佛教，目前没有任何其与甲马有关的线索。面对历史遗留的这个大黑洞，人们完全有理由从中产生一个合乎逻辑的联想：具有悠久历史，有广泛深厚的社会基础，有经久不衰的顽强生命力，有1700多年的纸为祭品的遗传基因，有以传统的巫术文化为思想基础的云南巫文化，在方便、快速、有效的印刷术面前，绝不会无动于衷，尤其是在外来佛教广泛运用了这种技术作为宣传工具之际，作为本土的"地头蛇"，一定会不甘示弱积极使用，摆脱费时费工的绘画制作而转向省工有效的木刻印刷，去争夺和占领市场。如果这种联想不违背历史条件，接近于合乎情理的历史发展的必然，我们可以初步推断出：云南甲马在具备造纸术和印刷术这两项最基本的条件的情况下，诞生于唐代完全合乎情理。

宗教巡礼

概述

巫术是人类进化历程中最古老而又最年轻的一段漫长的哲学思想史，已经成熟定型的世界七大宗教，都各自有过稚拙蒙昧的童年。宗教之所以成为宗教，是已经完善了理论体系，规范了教规礼仪，固定了祭祀场所，组织了严密的队伍，提炼了最高的偶像，宣告了明确的教义主张。宗教的教义核心是解释和解决人的生死轮回，都有天堂和地狱，都在提倡博爱、慈悲、忍让等良有益的道德伦理，相比之下，巫术的教义更为原始、朴素、单纯，巫术的礼仪简陋、松散、随意、灵活。巫术没有道德行为的主张，其解释和解决的都是现世的实际的具体的日常生活，是一种以实用为目的的功利主义行为。正是巫术的这些尚未经过提炼升华的原始性，很容易被排斥在宗教之外，与迷信活动经常混淆不清，在宗教与迷信的模糊概念中，稍不小心就会在“破除迷信”的口号下损伤了人类发展史上最值得回忆的那段珍贵的岁月。甲马就曾频遭厄运，躲过了无数次的灭顶之灾，能保留至今，除了不得不承认人类原始本能的顽强和固执，也归功于电子信息时代的文明人，又一次理智地去缅怀自己的童年。

对宗教的本质意义，恩格斯还做过高度的概括：“一切宗教都不过是支配着人们日常生活的外部力量在人们头脑中的幻想的反映。”

宗教的定义呢？直到当代，仍然是一个高难度的难题。英国人类学家弗雷泽曾说过无可奈何的话：“要给它（宗教）拟出一个人人都满意的定义显然是不可能的”。在分歧杂说的百家争鸣中，弗雷泽先生还是用自己的理解，提出了个人的意见：“宗教指的是对被认为能够指导和控制自然与人生进程的超人力量的迎合或抚慰。”

第二大难题是：巫术与宗教的区分，即迷信与宗教的界定。宗教与迷信，在理论上似乎早已是泾浊渭清，但实际的情况却异常复杂。许多宗教的祭祀礼仪中夹杂有巫术的成分，在巫术的现代表现中都有向宗教靠拢看齐的发展趋势，从具体的信仰祭祀两大特征上去比较，两者之间的模糊边缘使问题更加复杂。

关于宗教的准确定义，宗教与迷信之间更精确的界定细则，这些，既是学术课题，又是政策性的问题。

恩格斯和弗雷泽所指的宗教，似乎包含了巫术在内的原始宗教，然而不管包含与否，无法回避的事实是，原始宗教正代表着地球上所有民族的原始状态而已成了一门人类文化学的重点研究课题，哪怕原始宗教中有再多的迷信，这个研究课题无疑是科学的。

人类的原始初期，与科技高度发达的今天相比，显得实在太落后且愚昧了，但正是这些愚昧奠定了人类的现代文明。它是人类进化之源，智慧之本，从历史发展的眼光来看，鬼神、灵魂的发明，是人类智慧创造的划时代杰作，他的历史意义与人类发现和利用火具有相同的价值，一个是物质的，一个是精神的。

劳动创造了人类这是真理，巫术创造了文化这也是事实。巫术代表人类最早的文化已成了无可否认的定论。中国的甲骨文卜辞，舞蹈音乐，崖画、墓画、雕刻、服饰、建筑等，四千多年前的文化史几乎成了巫术史。

云南甲马这种原始宗教的祭祀形式，发迹于中原，繁荣于云南。传入云南时仅只是一种普遍的汉文化现象，在云南特殊的地理环境，特殊的民族心理，特殊的历史背景下，经过漫长曲折的发展，终于自成体系，形成了具有云南地方民族特色的“云南甲马”。

生存在佛教（阿吒力）、道教，本主信仰狭缝中的云南甲马，在冲撞互补中不断产生变异，不过，作为一种历史悠久的原始宗教活动，其贯穿了信仰者的一生，成了人们日常生活内容的一部分。从出生到死亡、童年到婚嫁，起房奠基、婚嫁丧葬、衣食健康、遭人暗算、口舌是非、科举仕途、功名利禄、买卖生意、打猎砍柴、种田畜牧……不管是好事还是祸殃，无论吉凶祸福，甲马总是一种无形的精神力量，伴随着善良的人们度过平凡的一生。

哪怕这种精神力量是那样的脆弱、落后、原始和迷信，相信他的人“至少经过这条弯路总可取回若干内涵。”（恩格斯）正因为还有人想去取回若干彼岸的内涵，甲马仍然有属于它的位置。我们为什么要去了解甲马的宗教内涵和用途用法，原因很简单：甲马市场绝不是为喜欢收集民间艺术品的有识之士而开设的。

周城

本主——本主简介

云南甲马分布面虽广，但较为集中，内容丰富，最具民族地方色彩的首推大理地区。早在50年代就已经收集整理云南甲马的李伟卿先生，经过对云南甲马的全面比较研究，指出：“其中大理地区的数量最多，地方民族特点也很突出。”（李伟卿《大理甲马与白族民间诸神》）

大理地区各县、乡、村都有甲马或都在使用甲马，与大理市接壤的永胜、保山、楚雄等地的甲马及对甲马的称谓和祭祀习惯都相当接近。大理地区使用甲马的民族有汉、白、彝三种民族。在众多的信仰神祇中，汉族有“本境”、白族有“本主”、彝族有“土主”，“本境”“土主”“本主”在甲马中都有充分的体现，增添了甲马民族特色。

“本主”是白族最有代表性的一种民族民间宗教信仰，除了大理地区之外，昆明、丽江、保山、怒江、维西及湖南桑植等地的白族也都信奉本主。“本主”与“土主”和“本境”一样，都是崇拜信奉本乡本村的最高保护神。白族的“本主”和彝族的“土主”，其历史可追溯到唐代。《蛮书》载：公元712年，南诏王盛罗皮“始建土主庙”。

天宝战争之后，云南历史上发生了具有历史意义的“贞元回归”“贞元十年（794年）……南诏异牟寻及清平官大军将，与剑南节度使巡官崔佐时谨指玷苍山北，上请天，地，水三官、五岳、四渎及管川谷诸神灵同请降临，永为证据”。这就是历史上有名的“苍山会盟”，会盟的地点是在“苍山神祠”。所谓的“苍山神祠”就是

洱源

供奉苍山之神的神庙，是自然崇拜的“本主庙”。南诏将决定命运前途的重大政治决策会议地点，选择了“本主庙”，“誓文”作证的竟是天、地、水，五岳、四渎、川谷诸神灵，万物有灵的巫术势力可见一斑。史书上记载的南诏“信佛”而“事巫”，从“苍山会盟”中得到了证实。作为统治者的官方是如此地信奉自然神灵，在民间，巫术的兴盛可想而知。

什么是本主？徐嘉端先生认为就是“本村鬼主”的缩写。张旭先生作了进一步的阐述：“（本主）是从原始宗教崇拜天鬼演变而来。”（张旭《白族的原始宗教信仰——天鬼》）张旭先生还在文章中将怒江一带的白族人所祭的鬼分成七大类：

一、大鬼：天鬼，也称高处鬼。

二、生产方面的鬼：地鬼、谷物鬼、山人鬼、牲畜鬼、水鬼、树鬼。

三、家神一类的鬼：有祖先鬼、火塘鬼。

四、瘟神一类的鬼：痘鬼，咳嗽鬼、惨死鬼、暴病鬼（天狗鬼）、痨病鬼、头痛鬼、说昏鬼、产房鬼……每类病症都有一种鬼，计二十余种。

五、氏族未有的鬼：如鸡家祭的山羊鬼，虎家祭的架乌鬼。

六、外民族的鬼：如维摩鬼，汉人鬼。

七、其他鬼：梦鬼、白日鬼、黑夜鬼、咒鬼、血鬼、跳舞鬼、路鬼等十余种。

祭天鬼有专职的“朵兮薄”，汉代称耆老，晋代称鬼主，现代称巫师，白族地区仍称“朵兮薄”。现代白族地区的“本主会”仍然由巫师主持，巫师自称是本主的弟子和替身。本主是他们的最高神。在祭祀本主时由巫师主持使用甲马，便有音韵优美的“请神词”：

地绿绿来天荒荒

小巫有请众菩萨。（后来佛教势力渗入，所以“请神词”里有了“众菩萨”三字）

上请玉皇张大帝，

下请土地双。（白族至今请秉上请夫妻二人写上“双”）

太上老君上首座，

还有帝君叫文昌，

大罗神仙一齐请，

一位也不差。

日神雨神和龙神，

五百神王请到家。

文武财神都要请，

坐得满当当。

十殿阎王都请到，

本主爷爷来增光。

闲神野鬼也要请，

痘神小姑娘，

四海龙王也来到，

牛王马王羊娘娘，

日游夜游两道神，

一齐请到家。

五道神来六爷爷，

山神树神石大王。

瘟神牵着黑煞神，

也来增过光。

小巫把神请齐了，

叫声各位听端详，

酬神谢神要诚心，

周城

才得保平安。

（杨宪典《大理白族原始宗教——巫教调查研究》）

在祭本主时，由祭祀者填上姓名地址的“本主疏”是必不可少的重要内容，“本主疏”都是刻印在黄纸上的印刷文字，格式固定，开头为：

“大中国云南省××县××乡××村居住奉神祈思，忏愆消灾消难，益禄延生，保安信士××并及××合人等，是日抒诚，仰叩福佑民，主判阴阳，而有准佐。”

最后是：

“伏维神洞垂，昭鉴谨疏。公元××年，×月×日谨具疏。”

中间是神疏的主要内容。神疏分成《小神疏》《神疏》和《谢本主疏》几种。《小神疏》和《神疏》的内容是所请的各位神灵，这些所请的神灵不少是甲马中的神祇。如《小神疏》中就有：

天地三界十万万灵真宰、岁瘟火土四部，行化王神，本境城隍、柏节圣妃、金甲财神、咒诅六毒五道大神、品甸大王、赤子三爷、子孙娘娘、痘二哥哥、五坛土主、香火司命土地、五祀六神、飞龙飞虎、下坛兵马各部神祇。

《神疏》中有：（与《小神疏》相同者不录）

当生本命、太岁瘟司、火部土府、当境山川社稷风云雷雨之神、词家司命土地并灶。

本主的形象大都在甲马中出现，“本主会”巫师的“请神词”中的各路鬼神都是甲马神祇主持“本主会”和祭祀甲马都是同样的巫师，“本主会”的仪式中有甲马，祭祀甲马的地点多数在本主庙，本主与甲马之间如此密切的关系，就其思想根源都来自远古的鬼崇拜，可以说本主和甲马是一根藤上的两个瓜，只不过，远古时代的鬼在庙里变成了本主，在甲马中换成了神。

大理

南诏祭柱和滇国祭柱是不同时期同一估仰的延续和演变，反映到甲马中的“柱神”仍然保持了这种延续，并不因为外形式的改变而扭曲了宗教心理。从现在的大量甲马中反映了历史和现代之间的对应关系。苍山神祠与“山神”，铁柱与“柱神”，大理绕山林游行队伍前头的吉祥树枝与“树神”等，总而言之，对白族本主文化的了解是解读甲马的最佳办法。

周城

自然崇拜——太阳神本主

白族地区的众多本主中，有许多本主是自然崇拜物，云龙县白石区开子地村的本主是一块纯白的石头，大石壁村的本主是一块黑色的石头，宾川和剑川也有以红砂石作为本主的村社。鹤庆县段家阱，波罗村的本主是“水草大王”和“五谷娘娘”。昆明地区迄今尚有本主庙130多座（昆明市文物管理所统计），昆明的“碧鸡景帝”和“金马景帝”两位本主反映了自然崇拜的悠久历史。

大理阁洞旁村的本主是“太阳神，”徐嘉瑞先生曾做过很高的评价“希腊神话中的阿普禄（阿波罗）神，为太阳的象征，而以阿普禄为牧羊人，云为羊，在大理的太阳神当中，也有相同的神话。”本主庙中的太阳神是一位身着官服的世人，其封号是“镇灵邦家福佑景帝，”甲马中却仍保持最初的自然原态，光芒四射的生命之源——太阳。这种自然现象的人格化，在本主信仰中极为普遍，“红山本主”就是最典型的例子。

大理　巍山

“田公地母”

把“地母”奉为本主的有鹤庆县修邑村，当地称为“土级蟆”。

大理白族地区多数村子都有时间固定的地母会，一般在农历十月初八，或七月十五，由老年妇女组成的“妈妈会”主持。祭祀“田公地母”时念《地母经》，祭祀内容一则是感谢地母让大家已经获得了一个丰收年，二则是祈求她保佑今年的庄稼，再送一个更大的丰收之年。

除了“地母会”，在栽秧前和吃新谷时，许多人家要举行简单的田公地母祭祀活动。平常，农民在田头吃饭，都要先举起碗筷，请田公地母先来尝一口。田公地母是庄稼之神，农民之神，对他（们）的敬仰是人们对“五谷丰登”“家业兴旺”的理想升华成的信仰。

周城

红山本主

红山本主“赤男灵昭威光景帝”，是双廊一带名气很大的本主，现存的本主庙有房屋52间，总占地面积为1500多平方米，如此规模的本主庙，在大理白族地区实属少见，红山本主庙建在洱海红山半岛上，红山本主因此而得名，反映了古老山神崇拜演变成本主崇拜的踪迹。自然崇拜对象的人格化是宗教发展至成熟期的标志。

在祭祀红山本主时会念《红山本主经》：

其一

赤男灵昭[1]本姓王，
“六诏”之时一将官；
后来神灵归天位，
敕封景帝镇红山；
朝礼大红山威元景帝，
万岁，（本）主万万岁。

其二

景帝生来胆气豪，
功成正果归阴朝；
绿罗山下金身塑，
手持宝剑斩魔妖。

一天[2]三代父子孙，
寿诞月来正月间，
三村之人来接驾，
车子拉到双廊街。
五色锦旗空中摆，

大理　周城

存佛播架摆两边。

阴阳本是把官做，
大展神威在丽江；
炮火连声震天地，
鼓乐喧天镇洱西；
浩浩荡荡归帝位，
太平景象乐乐村。

千山万水转转来，
合会莲池到此地，
朝礼大红山（本主），
保佑合村万万年。

注①“赤勇灵昭”为洱源红山本主庙祀的“赤男灵昭威光景帝”。

注②“一天”指本主父子孙三人为村民同一天迎奉

（《民族调查研究》，云南民族研究所1985年第1期第39页。）

周城

洱源

西山本主

洱源梅和里村的本主称为“西山皇帝”，全称是“镇帝乾坤西山皇帝”。鹤庆祭祀“西山本主”的有南北秀邑、沙登村、河头村、东登村、官厢、洪家登、迎春尾、东园、王屯等18个村子。鹤庆西山本主庙中供有西山老爷、二爷、三爷和两位公子、本主庙又称“西山庙”。

“西山皇帝”，又称“禄丰本主”或“花椒本主”，全称为“西山感应皇帝”，是邓川镇中所一带的东西两街、大花园、大楼桥、杨柳村、南土傍等五村的本主，无名无姓。本主庙里的《西山本主诰碑》说：“黄罗坐镇，绿玉呈灵。籍本禄丰名邦，原属龙门大族。采药西山，痛慈亲之疾。济开钟岑，饮椒仁以成名，敕封五村之主宰，由教至德，昔为统兵之将，无二忠心，圣德巍巍，神功浩浩，大悲大愿，大孝大忠。敕封五村之主宰，由教至德，昔为统兵之将，无二忠心，圣德巍巍，神功浩浩，大悲大愿，大孝大忠，封本主‘西山感应皇帝’”。

据说南诏时期，唐王朝屡次派兵征南，大军溃败于楚雄、禄丰一带，死伤枕藉，疾疫蔓延。当时这位本主从征服役，眼见死亡益众，不惜跋山涉水，采药求方。到邓川登覆钟山采药，尝饮花椒，因过量中毒，麻醉致命，因他为减轻人们痛苦而死，被封为五个村寨的本主。由于他是尝花椒中毒，所以凡是祭本主的祭品，忌放花椒，在本主庙中炒菜，也不能用花椒调味。

［调查地点：洱源县各村。调查时间：1988年12月。调查整理：赵寅松（白族）］

雪山太子

“雪山太子”，全称“雪山太子护白景帝”。鹤庆坝区、山区各村都普遍崇奉为本主。“雪山太子”一般解释指丽江境内的玉龙雪山，丽江地区也有“雪山太子”的崇拜现象，只是没有把他奉为本主。

泪源

石老爷

石头本主

大理白族地区把石头供奉为本主的原始自然崇拜现象各地都有，如大理内官村（青岩应圣保邦大王），星庄（保光国英明景帝河南太子），洱源县西山各村（石头皇帝、红神砂石大王），乔后龙底村（九曲十块石老山神），鹤庆县北衙乡一带村落（白石将军、白石大王），沙登村（四面本主），剑川县象图（黑石岩大王），荞子地等村（白岩天子），大石壁，松登等村（黑岩赫威本主）。

云龙县白石区开子地区村的本主庙中，就供奉着一块长约二公尺的白岩石，大石壁等地也供奉着一块黑色岩石，大理市呈庄、内官村、金圭寺也供奉着以石头为偶像的本主。有的在石头略做加工，自然偶像已经人格化。还有许多本主，原先很可能是以石头为崇拜偶像，经演变，有的已成了有名有姓的历史人物，如：洱源县大排，东湖等18村的本主“大黑天神吕凯将军”，民间还有吕凯是石头本主的说法。有的只剩下“本主老爷”的朦胧概念。

《白族神话传说集成》中《白岩天子》的故事是：远古时候，洱源罗坪山上有一个放羊的村子，全村的羊子突然得了病，又没有办法治。有一位老人为了躲避瘟疫，把羊子藏到山上的一个岩洞中，他做了一个梦，梦中有一位白胡子老倌对他说：“我就是你枕边的这块白石头，是专管羊的神，只要把我接回村子奉为本主，全村的羊子就无病无灾”。老人把枕边的白石头背回村子里，把神的话告诉给村里人，大家盖了庙，把白石头奉为本主。羊子的病果然一下子全好了，人们不知道本主的姓名，就叫他“白岩天子”。

周城

白马将军

奉“白马将军”为本主的有鹤庆、洱源、弥渡、祥云、下关等地区，各地的封号解释不一，弥渡白马庙村的封号是“唐朝得道景庄皇帝白马将军”，认为是蒙世隆。

鹤庆县坝区的南山河、北山河、七铺三个村和山区的东坡、里贤、山顶、军营等村，共奉“白马将军”为本主，尊称为“雷霆上将素车白马麒麟大将军”。在白马庙村、北山河村、里贤村分别建有三个本主庙。

“白马将军”是鹤庆地区的主要本主，它无名无姓，人们普遍认为他是白马神。是由白族对白马的崇拜演变而来的本主。

黄牛本主

白族本主称号有“景帝”“灵帝”“昭帝”“皇帝”“大王”“将军”“娘娘”“老爷”等，其中“景帝”和“老爷”较常见。

“神牛大老爷”即“黄牛本主”，是大理葭蓬村及鹤庆小马厂两地的本主。鹤庆小马厂称黄牛本主为“黄花老祖爷”。

大理葭蓬村黄牛本主的传说是：很久很久以前，苍山发洪水，是一头黄牛堵住了缺口，挽救了全村人的生命财产，人们非常感激这头黄牛，把它奉为该村的本主。每年农历二月二十三，全村便会举行隆重的祭祀活动。为了尊重黄牛，村民都不饲养黄牛，更没有人宰吃黄牛。（张锡禄调查整理）

黄牛本主

洱河灵帝5

洱河灵帝

“洱河灵帝”全称是“妙感玄机洱河灵帝”，为喜洲河涘村本主。一般认为是白族民间传说故事中的斩蟒英雄段赤城，据相关调查报告中说“本主庙大殿正中塑着段赤诚，右边塑有九隆圣母像，在九隆圣母身旁有龙王三太子的木雕像，下首两边塑着六部朝臣和献鱼螺二神的站像：左边塑着子孙娘娘：殿外两边塑着牛、马、猪王像。大门联：百二山河归掌握，万家烟火奉神灵。”

李正清先生在《大理喜洲文化史考》一书中提出了新的见解，他认为“河涘城本主，敕封为妙感玄机洱河灵帝，所祀即哀牢九隆神话中与沙壹通的龙神，误传为段赤城。”

九隆神话是云南彝族和白族共同流传的有关民族起源的图腾式感生传说，《后汉书·西南夷传》载：“哀牢夷者，其先有妇人名沙壹，居于牢山，尝扑鱼水中，角沉木，若有感，因怀妊。十月，产子男十人。后沉木化为龙，出水占。沙壹忽闻龙语曰：‘若为我生子，今悉何在？’九子见龙惊走，独小子不能去，背龙而坐，龙因舐之。其母鸟语，谓背为九，谓坐为隆，因名子曰九隆。及后长大……共推为王。”

洱河灵帝本主正是那位化成沉、木的神龙，即九隆之父。

大理

树疙瘩本主

大理白族地区的大理阳乡村和洱源铁甲村，都有树疙瘩本主的传说：

大理阳乡村有两位本主，一是大树疙瘩本主，一是青铜部主，都同样受到村民的崇拜。崇拜树疙瘩的由来是这样的：有一年的农历八月，连着下了半个月的雨，山肚子里灌不下，双鸳溪又发洪水了。那洪水像一头头大水牛，从山上往下冲，声如虎啸雷鸣，几里外都听得见。洪水冲到箐口，河床容纳不下，便像一头猛兽，向旁边的村庄扑来。眼看村庄保不住了，人们呼天喊地往山上逃。跑着跑着，突然有人惊呼起来：“你们看，冲进村子的洪水退掉了！”人们停住脚步一看，发现在河堤决口处，好像有什么东西堵在那里。大家跑来，仔细一瞧，原来，从山上冲下来的一块大树疙瘩，正是这块大树疙瘩堵住了缺口，拦住了洪水，保住了村庄。

人们对这块大树疙瘩肃然起敬，认为它保护了村庄和人畜的安全，一定是神灵。等洪水退去，全村人向它跪拜，为了对它表示感恩，村民把它接回村里，为它盖了一座庙，叫木匠们用凿子雕修了一番，把它供到神台上，奉为村里的本主，受全村人的供祭。因为它是在八月二十三日显灵，阻住洪水，保住村庄的，所以村民们就把这一天定为本主节。

［调查整理：张锡禄（白族）。传说引自《白族本主神话》，大理市文化局编，中国民间文艺出版社，1988年版第9～10页］

大理阳乡村和洱源铁甲村，把树疙瘩奉为本主的缘由，故事非常动人且质朴，在本主牌位上却不像故事那样朴实亲切，是一个使人肃然起敬的封号，即“大圣灵威得道龙王佑民大帝”，甲马中简称为“得道龙王”。原始的树疙瘩是怎样晋升为龙王，而且还是“大圣灵威”的“佑民大帝”？答案只有一个，即古老的自然崇拜于宗教殿堂中的发展结果。

高金龙　提供

大老爷

传说，洱源的九龙神龙王姓段，他有八子一女，都分别被不同的村奉为本主。

大老爷，永华乡本主；

二老爷，大庄村本主；

三老爷，住龙王庙；

四老爷，大兴村、大果村、小果村本主；

五老爷，乔后本主；

六老爷，峭坪村、横水村本主；

七老爷，乔后大树村本主；

八老爷，水头村本主；

九姑娘，邓川漏邑村本主。

洱源永华本主“大老爷”又叫“龙王大老爷”，他的封号是“白龙景帝”。

在鹤庆县的松桂乡龙珠各村的本主也有大老爷、二老爷……五老爷五位本主。宾川县底么、皮上等村也奉一、二、三、四、五府老爷为本主。云龙县黄松坡的本主为“大老爷”，云龙地区还有“二老爷”“万岁爷”的本主。白族地区有许多村庄的本主大部分不知其姓名，只称为“本主老爷”。甲马中的“大爷之神”很可能是泛指本方本主而不具体明确是哪一位本主。这种现象在甲马中较常见，如“本主之神”“本境土主”等。“本主之神”收集地点是周城，经印制者介绍，图中的本主就是“猎神杜朝选”。问他为什么不把“猎神杜朝选”标明，他回答说：“周城是‘甲马子’的印发中心地，周围各村，还有外县也来这里购买。本主各地都有，只要心里明白它就灵。”这显然是一种适应市场的灵活应变经营方式，一物多用的广泛性不知道是不是为降低成本。这种只刻有“本主之神”的甲马在洱源地区也同样有，“心里明白它就灵”也许正是甲马宗教内涵上的一个特点，所以用不着标明本主的尊号，这与只知“本主老爷”而不知其姓名是一个道理。

高金龙　提供

小黄龙

奉龙为本主是白族本主信仰中很普遍的现象。每一位本主都有一则非常生动的传说，使本主文化增添了不少色彩。其中，“小黄龙”的故事在白族地区流传极广。

传说，古时候，有一位姑娘到河边洗菜，水上漂来一个绿桃子，她吃了绿桃子就怀了孕，因而被家里人赶出了家门。她在荒野里生下了一个男孩，孩子吃蟒蛇的奶长大。

海子里来了一条大黑龙，兴风作浪，使百姓不得安宁。小男孩告诉村里人：“只要给我打个铜龙头，两对铁爪子，六把尖刀，铁包子三百个，蒸三百个面包子，还要扎上三只大草龙，我就能制服大黑龙。”

村民们按他说的准备好以后，孩子戴上铜龙头，手脚套上铁爪子，背上缚三把尖刀，口中衔一把，两手再各拿一把，跃入水中与大黑龙展开了厮杀。

村民们把三只草龙丢进海里，大黑龙忙乱地与草龙斗得疲乏，于是又去村中觅食。村民们就丢给它铁包子；小孩饿了，村民们就向他丢面包子。趁大黑龙张开血盆大嘴，小孩带着尖刀钻进了大黑龙的肚子里，大黑龙实在疼不住了，苦苦哀求，最终，小孩挖掉了大黑龙的一只眼睛从龙肚子里出来，大黑龙逃到了怒江。

大黑龙被制服了，小孩却变成了一只小黄龙，再也回不到妈妈身边了。妈妈想最后看一眼自己的儿子，小黄龙把头伸出水面，妈妈却被吓死了。

村民们感激小黄龙，把他奉为绿桃村的本主，小黄龙的母亲被奉为龙母，在三塔寺的旁边为她建了龙母祠。

喜洲区河涘城等村本主段赤城的斩蟒故事与小黄龙的故事有些相似，也有段赤城的母亲吃了绿桃怀孕的传说，所以有人认为小黄龙就是段赤城。小黄龙本主即段赤诚。大理市城邑乡龙凤村有碑《唐义士赤诚段公传》载：“‘赤诚，南诏时绿桃人’。祀为本主后，称‘洱河灵帝’等。”（杨政业《白族本主传说故事》）

周城

东海灵源

“东海灵源”即“东海龙王本主”，也就是洱海龙王。因洱海位于洱源县的东方，因此被当地人称为东海。洱源敬奉“东海灵源”为本主的有龙王庙村，其本主封号是“大圣东海灵源玉璧天帝”，会期为七月廿八；小石桥、后湖的本主封号是“东灵圣玉赤男景帝”。除洱源县外，还有大理市凤仪乡登龙村也把洱海龙王奉为本主，其本主封号是“东海龙王阖闢乾坤畜慈圣帝”。

东海灵源　洱源

周城

水神·龙王

洱源

在白族本主信仰中，以龙为本主或以本主为龙的现象都极为普遍。

以本主为龙的例子是大理国建国皇帝段思平，其本主封号是“阖阙乾坤裔慈圣帝如意宝珠赤子龙王”。为民除害的斩蟒英雄段赤诚的本主封号则是“敕封东海龙王开阙乾坤裔兹圣帝”和“大圣妙感玄机洱海灵帝”及“翊远洱水之神”。托塔天王李靖的本主封号是：“三龙天子”。这些有名有姓的历史神话人物成了一方本主之后，在宗教内涵上又增加了水神龙王的特殊功能。

以龙为本主的例子更多，有“赤岭龙王”（红山本主）、“九股水龙王”、“活泉龙王”、“温水龙王”、“石爸龙神”、“莎竭龙王”（佛教）、“白难陀龙王”（佛教）、“马祖龙王”、“易提坪得道龙王”、“应水龙王”、“马耳龙王”、“龙

周城

周城

周城

洱源

洱源

周城

女三娘”、“总督神龙大将军”、“北方利主海龙将军”、“黑龙老爷”、“芭蕉龙神”、“九部龙王”、“五龙天子”、“泽帝仁天皇龙景帝”、“龙王老爷”、“龙王一、二、三、四、五、六、七、八、九老爷”（共九位）、“小黄龙”、“东海龙王龙公公”、“龙王三太子”、“大圣灵威得道龙王佑民大帝”、“本境南大圣迴风昭帝孟子龙王”、“清流普济感应龙王”、“本境面婆娑苏髻大龙王”、“大建昌龙王”、“当年得道九头龙王”、“白龙景帝”、“黄龙景帝”、“九部龙王”、“赤子龙天景帝”、“介嫫（母鸡）龙王”、“黑龙老爷、二爷、三爷”、“羊龙老爷”、“青龙太子”、“龙女三娘”、“九龙天子”、“棚角龙王”、“新兴底龙王”等。

白族本主信仰中有这么多的龙本主，可以看出在白族文化中，龙占有着重要且特殊的地位。

经过社会调查，我们了解到，在过去的甲马中，几乎所有的本主都有自己的一块木刻版。本主造像在甲马中有着非常重要的位置。遗憾的是，我们只能在叹服中去想象昔日甲马的风采。时下的龙本主甲马，据大理一带出售者介绍，都以“本方（本境）龙王”或“龙神”为所有龙王本主的代表，只要请来“本方（本境）龙王”或“龙神”的甲马，“心诚则灵”，就可以代表各乡各寨的龙本主。这种以“本方（本境）龙王”或“龙神”为龙本主代表的现象，与“本境本主”或“本主之神”为所有本主代表的简括方式是各地相通的。

周城

铁柱大王

漾濞县石坪村的本主是“铁柱大王”，这位深受当地村民们喜爱的大王，据说就是孟获。孟获是三国时的土著酋长，《三国演义》中被诸葛亮七擒七纵。千年之后，他的籍贯族属也成了“争论”的焦点。有传说，诸葛亮七擒七纵孟获的地点就在漾濞，云南平定后，诸葛亮铸铁柱记之，这铁柱就竖在石坪村。可惜这铁柱早已不存，只剩下“铁柱大王”的本主庙。

弥渡有“建极十三年”（872年）的南诏铁柱，是全国重点保护文物，这个铁柱深受当地人们的敬仰崇拜，当地流行有“本境铁柱之神”的祭祀活动和多种版本的甲马。当地虽没有直接把铁柱当作本主，但其宗教职能及宗教祭式与本主信仰极相似，漾濞的“铁柱大王本主”与弥渡的“本境铁柱之神”都是鬼文化派生的同一位铁柱神或鬼的两种不同的称呼。

本境铁柱　弥渡

五谷神王

五谷神王

五谷丰登是农耕文化中最好的祝愿，数千年来，民以食为天在中国一直是真理中的真理。对五谷的敬仰沉淀出中国农民神圣而现实的一种自然崇拜，生存的依赖升华出精神的寄托。“五谷神王”，大理地区许多村寨都把他奉为本主，在本主庙中奉有其塑像。鹤庆县波罗庄、杨家阱的本主为“五谷娘娘”“五谷大王”“五谷祖师”，赵屯一带的本主为“谷王”，

大理的本长、富乐、庄科、永乐、清乐、富仓、大湖西、小湖西、红山、河西、四家、石壁头、下洱阳、向阳、西窑等15村本主为“伽蓝土主五谷大赫天神”。

剑川东岑乡中登村的本主牌位上写的是“五谷大神王农神神农景帝”。

神农，即炎帝，“周书”载：“神农之时，天雨栗，神农遂耕而种之，作陶冶斧斤，为耒耜锄耨，以垦草莽，然后五谷兴助，百果藏实。”传说中，神农发明了农具，教会人们垦田种地，因此，炎黄子孙们一直把他奉为农业之神。

水草大王

“水草大王”是鹤庆松桂乡宝窝村的本主。他无名无姓，现在人们只知道那是专管渔猎护畜之神。洱源一带也很崇拜这位“水草大王”，向他祈求水草丰茂，牛羊健壮，把他直接当成“水草”之神。

周城

洱源

赤子三爷

赤子三爷

“赤子三爷”在大理坝子里也是一位很有名气的本主，敬奉他的村庄有：下鸡邑（“如意宝珠赤子三爷”），上甸、北甸、南甸、中甸、佛堂、大小林邑、甸中、云峰、杨家登等（“育物景帝赤子三爷”），车邑庄（“通天护法如意宝珠赤子三爷”）、旧铺、凤鸣等。

湾桥区甸中一带有着关于“赤子三爷”的民间传说。

相传，天上的星工劈开苍山引来了十八溪水，使苍山脚下的十六个村子庄稼年年大丰收，日子过得很美好，十六个村子就把星王奉为本主。

有一年，不知哪里来了一个旱魃、它吸干了十八溪的水，村里的田都干成了大石板。

这事被星王本主的儿子赤子三爷知道了、他独自一人直奔苍山，找到了旱魃，与旱魃厮杀一番，最后赶走了旱魃，让十八溪的溪水重新哗哗响起。

又有一年的秋天，赤爷在本主庙听到农民在田头的哭声，他跑出去一看，原来是铺天盖地的蝗虫正在吃田里的庄稼。赤子三爷领着人们燃着火把去烧蝗虫，在三爷的神助下，蝗虫被烧得一干二净，保住了庄稼。

第二天，人们敲锣打鼓到本主庙，请求星王本主允许他的儿子去当本主，星王答应了村民的要求，于是赤子三爷成了甸中的本主。甸中本主庙的对联概括了赤子三爷的功绩：

显应绝蝗虫并蒂佳禾秽我谷

妙技胜旱魃源头活水沛其膏

（大理市文化局编《白族本主神话》）

在大理坝子中供奉“赤子三爷”的村子中，除了车邑庄认为本主爷叫李定国，其他诸村的本主皆无名无姓，从湾桥甸中一带的民间传说故事情节中反映出的，“赤子三爷”的原型是自然崇拜的农神，即水神和蝗神。

武侯神君

把三国时的诸葛亮奉为本主的有下关温泉，大理塘子铺、剑川板橙河，本主封号为“五姓名首来安景帝”，鹅庆西登村本主的封号是“武侯将军”（武侯王）。

诸葛亮是中国古代的名臣，他的卓绝才智使他名垂千古，他“鞠躬尽瘁，死而后已”的勤勉忠诚更是为世人所敬仰。白族人民不但把他奉为本主，民间艺人还把他奉为祖师，艺人普遍认为，供奉他能够保佑自己心灵手巧。

历史人物

白族本主信仰中有许多偶像是有名有姓的历史人物，把世俗的人奉为保佑村社的神灵，既是对英雄的崇拜，也可以说是对人自身的崇拜，是人格的解放，和对自我的肯定。这些有名有姓的历史人物来源繁杂，有本地的、有外来的，有成功者，也有失败者。这种本主偶像的选择没有特定的原则，在英雄主义的崇拜中，很可能夹杂着祖先崇拜的因素，也不可排除受到当时官方的指令。如，在天宝战争中全军覆灭投江自尽的唐将李宓就被奉为将军洞的本主；元军在平云南时阵亡的十八位将军也被奉为十八坛神（十八个村子的本主）；还有许多本主是明代的将官。老百姓素来不关心政治，历史人物一旦被供进本主庙，就成了对民有益，为民服务，庇佑一方的神，本主故事中也就不再流传他的历史生平，取而代之的是神话中的大好人。

大庄天王

建国皇帝

大圣建国皇帝

大圣建国皇帝的全称是“大圣西来护法灵镇五峰建国皇帝”。又名“中央爱民皇帝”“清平景帝”。是大理坝子最高本主，为五百神王之首，本主庙在喜洲庆洞庄。

“神帝建国皇帝，神后明德圣母（五台峰麓神明天子庙又曰建国神宫）：神号曰‘福祚皇基清平景帝’，乃南诏大将段宗榜，后为大理国祖先，故为神中之神。庙号神都。各村本主，每年一朝，即‘绕三灵’大会是也。”（徐嘉瑞《大理古代文化史稿》）

这位神中之神的最高本主“建国皇帝”，原来是大理国开国皇帝段思平的祖父段宗榜。“清平景帝诰”中说他“泽被民生，精忠报国，作将军、为节度，历相三军，由是敕封景帝，锡爵总兵，玉龙关前，威灵传于万古，莲花峰下，祭祀享于千秋，逢善则驾之祥，有求皆应；遇凶则化为吉，无愿不从。大智大仁，大忠大勇。”

喜洲庆洞庄的神都，传说始建于唐代，现存建筑有门坊、财神殿、大殿、中殿，占地十余亩。每年农历四月二十三至二十五，都会以神都为中心举办“绕三灵”盛会。

大庄天王

“大庄天王”是古代白族首领张仁果，本主封号是“大庄天王圣德景帝”，为弥渡大庄营本主。会期或本主诞辰期在农历二月十八。

弥渡大庄营本主庙又名大王庙、香山庙，传说始建于唐代，是白族早期本主庙之一。庙中祀奉有大王张仁果，朵古老龙王（张龙佑那），子孙娘娘，痘哥痧哥。在一座本主庙中同时祀奉着两位历史人物，使本主庙别具特色。信奉大庄天王的村庄有土官村、大庄营、上物、瓦害坡、大庄街、左所营、阿克营、三家村、波罗邑、黄家庄、新庄子、头邑村、山田村等。“大庄天王本主”除了白族信奉，当地的汉族也对他特别敬仰。会期，楚雄、祥云、巍山、大理、凤仪等地的村民都来赶会，热闹非凡。

关于本主张仁果及张龙佑那，胡尉本《南诏野史》载：“后汉诸葛武侯南征，至白崖（今弥渡），杀雍闿，擒孟获，及封白子王仁果十五世孙龙佑那为酋长，赐姓张氏。”

张仁果，大约在秦汉时期，以白崖为政治中心，建立了“白子国”，亦称“白国”“云南国”“建宁国”，张仁果为国王。蜀汉时诸葛武侯南征，封张仁果十五世龙佑那为“建宁国”国王（酋长）。唐初，张氏世孙张乐进求与西洱河右将军张矣候牟栋、巍峰刺史蒙逻盛等九人“铁柱会盟”，推举蒙逻盛为新盟主，从此，白子国退出了历史舞台，拉开了南诏国的序幕。

武侯神君

周城

景庄皇帝

我们在自然本主崇拜中已对“白马将军”作了介绍，他是白马崇拜演化而来的本主，只有一大串的尊号而无名无姓。然而，在弥渡白马庙村，景庄皇帝却成了南诏国王蒙世隆。蒙世隆，又名酋龙，自号大礼国，伪谥景庄皇帝。他在位期间，云南佛教大兴，著名的建极铜钟、弥渡铁柱，都与他倡兴佛教有关。这么一位沉迷于佛事的国王，竟然被供奉到本主庙中，成了专管畜牧的“白马将军”，确实使人费解。此外，以蒙世隆为本主的还有大理市上龙龛、下龙龛、河底村，其封号是“迎风勒马景庄皇帝”。一处是将军，一处是皇帝，民意对历史的重新定位，一代国君蒙世隆也奈何不得。

武宣皇帝

“武宣皇帝”，洱源县小南营、士登村本主，又名“阿皖耶武宣皇帝”。“武宣皇帝”名隆舜，摩河罗嵯（梵语大王之意），自号大封人，伪谥圣明文武皇帝，是南诏第十二位皇帝。隆舜在南诏历史上，在政治军事方面都没有什么建树，但在著名的《张胜温画卷》中却多次出现有他的尊容，画中的他袒胸、簪髻、垂环，屈膝合掌或跣足礼佛。台湾著名学者李霖灿先生对此很感兴趣，他认为：这位摩诃罗嵯多次出现于重要画面上当有深意，“他与佛教的关系，一定非常密切，南诏开头几位皇帝宗教信仰是非常繁杂而原始的，很可能就是由这位摩诃罗嵯才对佛教有特殊的崇敬”，隆舜在云南佛教史上确实是鼎力兴佛的一位重要人物，仅以他把年号改为嵯耶，为自己取了一个梵文的名字来看，也足可看出其对佛法之虔诚。在《南诏中兴画卷》中，上身裸露，跣足合十，正在礼拜金身阿嵯耶观音的“骠信蒙隆昊”也是他。民间将他奉为本主很可能与他生前宣扬佛法有关。甲马中的这位皇帝形象与《张胜温画卷》和《南诏中兴画卷》中的造型并不一样，值得注意的是，甲马中的武宣皇帝身旁画有一位侍从，侍从头戴的帽子是典型的元明时期白族阿吒力僧的标志。身为本主的武宣皇帝，同样是云南佛教的阿吒力派的崇拜领袖，这对研究阿吒力与甲马提供了很好的线索。

周城

大理　洱源

周城

清官本主

“清官本主”的原型就是南诏清平官郑回。”郑回，巂州西泸令，唐天宝中阁罗凤判唐，臣吐蕃，陷巂州得回，重其才，拜清平官，令诸子弟从学，云南始知中原文字……”（《云南通志》）是天宝战争期间掳掠来的郑回开始使云南人知道汉文字的记载实在有些违背历史事实，从这些美誉中，也反射出郑回的为人、品德受到人们的尊重，传说《德化碑》就是由他撰写的，在《大理行记》《南诏源流纪要》《南诏野史》等史乘中都有《德化碑》由“郑回撰文”的记载。

南诏历史上，郑回的最大贡献是劝化了南诏重新与唐王朝和好，为“贞元回归”打下了坚实的基础。民间把他奉为本主的理由，与他在历史上的政绩毫无关系，有关“清官本主”的民间传说都与老百姓有关，都是如何为老百姓解厄除难，如何解决家庭纠纷，如何为民审冤，如何公正无私廉洁奉公，“清官本主”故事很像包公传，是一位地地道道的清官。

匡圣皇帝

“匡圣皇帝”是洱源邓川一带的本主，据说是西湖十村中李、杜二姓的祖先。

传说匡圣皇帝有三弟兄，大哥在温水和小邑村一带当本主，二哥在西湖上游当本主，三弟在温水下游一带当本主。由三弟兄管理西湖地区，统称“匡圣皇帝三兄弟本主”。三处的本主都叫“匡圣皇帝”，但只有当地的老人才知道谁是大哥，谁是二哥，谁是三弟。传说是三兄弟治理了西湖水患，排涝开垦，开辟了西湖地区良田万顷，造福子孙。

洱源

品甸大王

“品甸大王”，祥云品甸、禾乔等13村的本主。名保和奴，是南诏时一员大将；有的说法是元世祖手下的有功之臣，元世祖平云南时死在祥云。

高金龙　提供

大理

五老爷

“五老爷”，鹤庆松桂乡龙珠各村本主，大理龙凤村、南才村本主，传说是段思平。段思平是大理国的开国皇帝，由他建立了真正的白族政权，民间亲切地称他为“段白王”。白族各地都把他奉为本主，在大理市地区尤为突出。大理市城郊区石屏村的本主封号是“镇龙将军段思平”，还有他的儿子“赤子龙王”。

洱源

大理

猎　神

“猎神杜朝选”，大理周城本主。《猎神杜朝选》是白族民间文学中很有影响的经典之作，杜朝选也因此成了白族民间非常熟悉的一位英雄人物，与段赤诚成了本主信仰中英雄主义崇拜的典范。

传说苍山上有一位年轻的猎人，名叫杜朝选。

山上来了一个恶蟒，会变人形。他强迫周城的人每年送一对童男童女供他食用，若没有送到，全村就要遭残。

杜朝选决心为民除害，只身上山找到了恶蟒，一时间飞沙走石，浓烟滚滚，恶蟒张牙舞爪向杜朝选扑来。杜朝选举起神臂，拉开大弓，一箭射中了恶蟒的左眼。恶蟒带伤逃跑，杜朝选沿着地上的血迹一直找到河边。他看见河边有两位美丽的姑娘正在洗血衣，原来这两位姑娘是被恶蟒掳来服侍他的周域人，她们告诉了杜朝选恶蟒的秘密：他有狮、虎、豹、蟒四个灵魂，还有一把魔力非凡的八宝神剑，俩姑娘偷出了恶蟒的八宝神剑，杜朝选就用这把剑向恶蟒猛砍，恶蟒放出了狮子、老虎和豹都被杜朝选一一射死和砍死，恶蟒现出了原形，哀求放他一条生路，杜朝选不肯轻信恶蟒的花言巧语，砍死了作恶多端的恶蟒。

杜朝选和两个姑娘来到蝴蝶泉边，订下了终身，全村设宴三天为他们举行了婚礼。

周城人民为了纪念杜朝选，奉他为本村的本主，用香柏木雕了他和两个姑娘的像。每年农历正月十四到十六，都要举行本主会，耍龙，舞狮、耍虎、唱白戏，吹吹打打热闹三天。

登上本主宝座的杜朝选像其他的本主老爷一样，也要为全村人的生产生活而操心。生儿育女，婚嫁送丧，驱邪治病、功名利禄、升官发财、排涝解旱、五谷奋牧，有求必应，杜朝选还被猎人们奉为猎神，祈求上山打猎时不要被虎豹猛兽和毒蛇伤害，在山上不要因迷路而回不了家、每次上山都不要空手而回。

三星太子

三星太子

大理金梭岛（海岛村）的本主是“三星太子”。传说，金梭岛古时荒草丛生，岛上猴子特别多，猴群中有一个妖猴，凶恶残暴，能施魔法，变幻无常。经常到村子里为非作歹，村民不得安宁。村里有三兄弟，大哥叫张石哥，他带领两个弟弟，经过千难万险，终于杀死了妖猴，赶走了猴群，使村民们过上了幸福祥和的生活。张石哥在驱妖猴时英勇地献出了生命。人们感激他为民献身的精神，把他奉为金梭岛的本主。

掌兵太子

掌兵太子

“掌兵太子”是英勇献身为民除害的金梭岛本主“三星太子”中的三弟。

“人们为了纪念海岛三兄弟的功绩，便把张家的老大——张石哥封为金梭岛本主，尊号叫三星太子；老二封为赤文岛本主，尊号叫掌朝太子；老三封为王几岛本主，尊号叫掌兵太子。”（大理市文化局编《白族本主神话》）

“掌兵太子”俗称“锣钢神”，在鹤庆地区称为马帮之神，赶马人最敬奉他，他掌握有千万个神兵天将，可以保佑赶马人一路平安。

柏节夫人
独脚五郎
马三爷

邓赕诏　柏节夫人
洱源

洱源

传说，巍山地区的蒙舍诏为了统一六诏，在星回节祭祖时，用松明建了一座楼，请五诏的诏主到楼上，然后点燃了松明楼，五位诏主都被活烧死。

到巍山祭祖前，邓赕诏诏主的夫人柏节已预感到蒙舍的野心，劝自已的丈夫不要去，见丈夫执意要去，柏节在丈夫临走时给他手上戴了一个铁镯。丈夫被烧死后，柏节夫人凭这个铁镯认出了丈夫的尸体，回到邓赕诏召集兵马击败了无数次蒙舍军队的进攻，蒙舍破城后，柏节夫人坚贞不屈，以身殉国。死后被奉为本主。

“马三爷”，传说是邓赕诏诏主的随从，他武艺高强，为人耿直，蒙舍诏主用黄金美女为条件，想聘为大将军，宁死不屈的马三爷，在高官厚禄面前饮剑自刎，用生命证实了忠诚，马三爷受到老百姓的千年爱戴。被奉为本主。也许是三爷姓马，民间又把他奉为“马神”，畜牧方面的事都找保佑。

洱源地区把他奉为畜牧之神，尤其是饲养马匹的人家都对他特别尊重，平时都祈求他保佑牲畜的成长，家畜得了疾病更要向他献上供品祭祀解危。

大理城一带有一个回子箐，旁边有一个“马三爷庙”，这个“马三爷庙”与回子箐估计有一定的内在联系，可是附近的人都说不清“马三爷”的来龙去脉。只知道有事就去找他，这些求他的事都是寻常的祈福禳灾的内容。张锡禄先生的解释是“马三爷”是从“蟒三爷”演变而来，是白族蛇崇拜的变异。

“独脚五郎”，传说是蒙舍诏麾下屡立战功的一员独脚大将，他镇守在很远的地

大理

方，诏主召他国家参加祭祖。因路途遥远，回到半路他得知蒙舍诏火烧松明楼谋害五诏诏主的消息，对蒙舍表示了极大的愤慨，隐居山中，以打猎为生。老百姓被他的这种正直善良所感动，把他奉为本主，为他赋予了非凡的神力。红事白事、人疫兽患、干旱水涝、天灾人祸都会请他保佑。

洱源

三崇大帝

南诏时曾封了五位山神，居东方者为“河溪龙王妙感玄机洱河神帝”（临水亭龙王）和“宾阳三崇建国鸡足名山皇帝”（鸡足山山神）。在历史的发展演变中，临水亭龙王成了一位土地神，而鸡足山山神却成了云龙县境内小有名气的一位本主，即“三崇老爷”“三崇皇帝”，民间传说，明朝兵部尚书王骥在云龙被毒死，追封为“三崇建国鸡足皇帝”。农历正月十五为本主（王骥）的生日，正月十四为本主会。云龙的傈僳族也奉“三崇老爷”为本主。

大理

九坛神

“九坛神”是大理喜洲镇及附近村落的本主，九位坛的名号是“灵镇五峰建国皇帝”“鹤阳摩诃金钵加罗大黑天神”“宾阳三崇建国鸡足名山皇帝”“曩聪独秀应民皇帝”“凤岗阖阚乾坤懿慈圣帝”“河涘龙王妙感东机河灵帝”“邓赕白姐圣妃神武阿利帝母”“桑霖元诅镇子福国景帝”“狮子国王一德天心中央皇帝”。

九位坛神，有自然拜的山神——鸡足山皇帝；有龙神——洱河灵帝；有历史人物——慈善夫人，段宗榜；有佛教神——大黑天神。因为九位坛神之首是“五峰建国皇礼帖”，我们就把“九坛神”本主列入历史人物本主中。

把几位神灵合奉为一个村子的本主的现象在大理地区并非少见，如下关大关邑的本主是张乐进求和李专珠，大理宝林寺的本主是段赤城和白难陀龙王，者摩村的本主是观音老祖、大府、二府、凤凰太子，凤阳、江渡等村的本主是“三灵皇帝”（大圣元祖重光鼎祚皇帝、大圣圣德兴邦皇帝、大圣镇子福灵景帝），凤仪地区大丰乐、小丰乐村的本主是青紫有感普护阴阳慈光降魔景帝、青灵无私执掌乾坤赫濯威风景帝、辅国宁安济民威灵显化将军。这种复数本主崇拜中，“九坛神”本主是最具代表性的典型。

九坛神

佛道神灵——观音老祖

观音这是大家都非常然悉的佛教菩萨。在云南，尤其是大理白族地区，观音是第一位来到洱海边传扬佛法的始祖圣母，“在崇奉佛教的大理人看来，没有什么神灵更比观音值得尊崇膜拜与礼赞的了。”（美国　海伦·B. 嘉平《云南的观音像》）

在云南，有一尊“建国真身阿嵯耶观音”的地位极高，“观音建国”的南诏史把观音的地位抬到了无以复加的地步，国王隆舜把自己的年号改为嵯耶，足可见出观音在人们心目中之分量。

民间传说中的观音故事很多，著名的有《观音开拓大理坝》。

传说，远古时大理坝子是一片汪洋，观音退水开疆，因杂木丛生，人不敢进。观音化二鹅，引导人们找到了休养生息之地。所以大理又名鹤拓。

巍山

《观音服罗刹》说的是上古之时，罗刹踞于洱河，啖人睛、人肉，号罗刹国。观音悯其受害，乃化为一梵僧，牵一犬自西天来，历古宗、神川、义督、宁北、蒙茨和，入灵应山德源城，主喜睑张敬家。敬，罗刹贵臣也。见梵僧仪容，深礼敬之，介以见罗刹王，王甚喜，乃具人睛、春肉供之，僧辞曰：“不愿受供，王诚眷礼，愿受隙夺为一庵居。”罗刹许之，且曰：“广狭自裁。”僧曰：“止欲我袈裟一展，我犬二跃之地，足矣。”罗刹笑其少，僧云：“王勿后悔，请立契券。”倾国观者百万人。既成契约，僧解袈裟一展，盖其国都；叫犬令跃，一跃尽其东西，再跃尽其南北。罗刹张皇失声曰：“不然，别有乐国胜汝国。”乃幻上阳溪石室，为金楼王殿，以螺为人睛，饮食供张百具。罗刹喜，遂移居之。一入而石室遂闭，僧化为蜂由隙出。自此罗刹之患乃息。今此山及海东有犬跃之迹存焉。（《云南名胜志·大理府南胜》卷十五）

将观音奉为本主的有：大理市凤仪乡经载庄（“观音老祖”），者摩诸村，吊草村，剑川县境内（“建国梵僧观音菩萨”）维西县中路乡加乐村。

老太

大理海东区老太箐村的本主是“老太”，传说，古时候，海东地区山多地少，加上连年干旱，农民生活十分贫苦。有一年，来了一位面容憔悴，步履蹒跚的老人，她向村民乞食，村民虽穷但良心好，送给了老太吃的喝的。原来老太是位神，她被心地善良的人们所感动，给从来也没有过一滴水的干箐引来了哗哗长流的清泉，村民于是把箐子改名叫“老太箐”，她又搬走了一座山，现出一块平坝，村子也就叫“老太箐村”。

关于“老太”，民间有的说法认为她是救苦难观世音菩萨的化身，更多的说法是，她是李家“利济将军本主”的三女儿，李家的大女儿为下关黄土坡本主（大井水泉女神），二女儿为下关西门本主（二井水泉女神），三女儿则被百姓亲切地称为“三姑老太”。

大理市凤仪乡北汤天、南汤天、新铺、大丰乐、小丰乐、大江西、小江西等村的本主也是“老太”，该当地人说，“老太”其实是一位龙王，所以她的本主封号为“清流普济感应龙王”。

大理　喜洲

大理　喜洲

大黑天神

大理
高金龙 提供

佛教具体是何时传入云南的，是一桩没完没了的悬案。把佛教的大黑天神当本主（土主）供奉，文献中却有明确的记载："威成王诚乐，乃蒙氏（按：南诏）第三世也，威服诸邦，崇信佛教，……始塑大灵土主天神圣像，曰：摩诃迦罗"（张道宗《记古滇说集》）。在《云南野史》中又载有立土主庙在开元二年之说，万历志中也有："大灵庙，在城隍庙东，昔蒙氏尊摩诃迦罗大黑天神，立庙祀之。"

大黑天神不但是云南第一位佛教本主，从文献记载来看，也是云南第一尊本主。祀大黑天神之风，从唐开元二年（714年）开始，盛行于全省。元代以前，昆明地区及附近各县乡村祠庙多供有大黑天神。正德志姚安府祠庙曰："土主庙，永乐间建，其神曰大黑天神，土人春秋祀之。"万历志载："寻甸土主庙有二，即大黑天神祠。"又曰："迦罗庙，在腾越城西南一里。"道光志有："剑川大黑天神庙，在城南沙溪。"《宜良县志》曰"大黑天神缚虎于座前，今骨一具在土主庙。"

"云南各县多有土主庙，所供之神非一，而以祀大黑天神者为多。塑像三头六臂、青面獠牙、狰狞可畏。何以祀此神像？民间传说多无稽之谈。近年留心滇史，稍有涉猎，乃知大黑天神为阿阇梨（阿吒力）教之护法神。盖其教以血食享祀，民间尤敬畏

之，村邑立祠，疾瘟祷祝，初谓之大灵庙。后乃目为土主也”（《云南地方志佛教资料琐编》）。

大黑天神与阿吒力关系非常密切，他在云南的地位仅次于观音。在南诏和大理国时期的佛教艺术作品中都能找到他的威颜，“剑川石窟”，“张胜温画卷”，禄劝三台山崖刻、大理崇圣寺千寻塔出土文物及各地零星出土的文物中都有大黑天神的艺术彩塑。南大理国时期的写经中也有《大黑天神仪轨》（残卷）。

大黑天神是佛教密宗护法神之一，梵文为“摩诃迦罗”，是大自在天（湿婆）的化身。也有解释为是大日如来为降伏恶魔而示显的怒相，都以战神面祀之。其造像有一面八臂或三面六臂，手执剑和戟，戟上插恶鬼头，以毒蛇贯环全身，以骷髅为璎珞，虎牙上出，作大怒形，全身青黑，狰狞可畏。

大黑天神是如何走进本主庙，或者说，大灵庙是如何被改称为本主庙（土主庙）？这当然离不开皇族信仰的宣传和阿吒力教的势力影响，其次是民间对佛教神大黑天的大胆改造，使大黑天神离开了佛教，成了民俗化的民间偶像。

白族本主神话中有关大黑天神的故事是这样的：大黑天神是玉皇大帝驾前的一员神将。当玉皇大帝轻信了谎言，说苍山洱海之间的人男不耕、女不织，上不养、下不孝，一怒之下，玉皇大帝命大黑天神带上一瓶瘟药，让这些人染上疫病，断子绝孙。大黑天神命来到这里，见此地一片生机，男耕女织，忠孝仁慈，完全不像玉帝听到的那样。大黑天神既不忍心放出瘟疫伤害无辜，又不敢违抗命令，索性将瘟药吞进了肚子里。玉帝在天上看到了这一切，悔恨交加，连忙传旨让蛇神去搭救大黑天神，大黑天神已被药烧得全身发黑，蛇神召来一大群蛇。为大黑天神吸去毒汁，大黑天神被吸得百孔千疮还是救不活，样子更是吓人。

人们感激他的救命恩德，为他盖了本主庙，把他奉为本主。百姓说“大黑天神的样子虽可怕，但他的心肠最好，他的身子是黑的，但他的心是白的。他为百姓而死，是百姓的保护神。”

直到现在，供奉大黑天神的本主庙几乎遍布所有的白族地区，除大理全州境内，还有昆明、丽江、兰坪、维西等地区都有大黑天神的本主庙。

洱源

周城

北方天王

“北方天王”，是佛教护法神四大金刚之一，即北方多闻天王，又叫毗沙门天王。佛教传入云南，在云南特殊的环境中，这位天王也就享有了特殊的荣誉，脱离了四大金刚，被单独供奉，最多的情况是与大黑天神搭档，一左一右护法扬威。“剑川石窟”，“张胜温画卷”，禄劝三台山崖刻，千寻塔出土文物，晋宁观音洞崖画。有大黑天神就有北方天王。

剑川金华山有大型的石雕天王像，有些学者认为，这尊天王像也应该和石钟山上的“全家福”一样，是大理地区最古老的本主造像。这尊石雕北方天王，被当地人称为石将军。传说，原来没有石雕像，只有一块巨大的岩石，岩石很有灵气，小孩子有病，只要到岩石前烧香礼祭病就很快会痊愈，久病不愈的小孩，只要把小孩拜寄给他，就能得到保佑。传说，有老两口50岁才喜得贵子，可是小孩经常生病，求遍名医也没治好，有一夜梦见一位大将军对他俩说“我是山上的石将军，只要把你们的孩子拜寄于我，他的病立即就会好。”老两口请了朵兮薄到岩石前举行了拜寄仪式，孩子的病果然很快就好了，长大后还当上了大官。为了感激石将军的恩德，在岩石上雕刻了石将军的像。

传说毕竟是民间流传的口头文学，从这则传说故事中，群众百姓并不把石头上的北方多闻天王当成佛教神，尤其是流行迄今从当地群众对石将军的祭祀形式到祭祷目的内容来看，对石将军所寄托的宗教心理已非常接近于本主。

把北方天王奉为本主的有：大理古生、挖色，洱源红塘、青岩坪，鹤庆宣化关、茶水阱，丽江高寨、甸头，剑川北江长、西江登等村。

下关大城、凤凰两村的本主是“大圣本主九化应国安邦信时景帝”，一说是托塔李天王（李靖），一说是南诏时的杨干贞。洱源何湖北村的本主也是“大圣本主托塔李天王”。托塔李天王是道教神又是佛教神，因《西游记》而使大家非常熟悉的这位托塔李天王，实际上是由佛教神北方多闻天王演化而来。《封神演义》的作者更把他具象成陈塘关总兵李靖。李靖，历史上实有其人，是唐太宗时的兵部尚书，死后配享武成王（姜太公）庙，为十哲之一。唐末的小说中把他神化为代龙行雨的天将。由于文学的艺术处理，托塔李天王有独立的形象。从宗教角度来讲，北方天王和托塔李天王实为一人。在民间更是如此，白族的本主信仰中北方天王就是托塔李天王李靖。

大理市挖色区古孟州城本主的封号是“九天开化应国安邦信时（暂时代理）景帝”。本主传说：远古时候，西天妖王作乱，托塔李天王率兵两万去征讨，结果大败，李天王也身受重伤。李天王带着残兵二千余人来到挖色坝，受到沙漠庙沙漠王的款待。挖色坝历来缺水，李天王指示沙漠王几个地方可以挖出水来，沙漠王不信，说：“如果能挖出水来，我就让位给你。”李天王用宝剑刺进后山，清泉顿时涌出。沙漠王把位子让给了李天王，李天王经再三推辞，还是答应暂时代理。

西方景帝

“西方景帝”是洱源地区的本主，当地对此本主来历的解释不一，有的认为“西方景帝”即佛教护法神“西方广目天王”，也有的解释为是由“西山本主”演变而来。

佛教净土宗幻化了一个西方极乐世界，千年来的佛教信徒们把西方当成了死后的理想归宿，这位“西方景帝”成了主管极乐世界的“接引佛”而受到当地群众的普遍敬仰。民间在使用“西方景帝”甲马时的宗教职能已远远超出了本主的权限范围。

西方景帝

玉皇大帝

“玉皇大帝”是维西县维登乡白甸村的本主，边远山区的黎民们也真是胆大包天，竟然把上天的统帅请下来当“村长”。说来也怪，当了“村长”的玉皇大帝，礼贤下士，体恤黎民，忠心不二地为村民们操劳烦琐的日常生活。据传说，白甸村的本主最灵验，小孩有病、妇女难产、家畜丢失、求雨排涝、升官发财等一切祈望，只要献上三牲香果酒茶，虔诚祷告，都能有求必应。附近的村子，不信仰本主的民族兄弟也经常到“玉皇大帝本主庙”烧香礼拜，祈求平安。

泪源

周城

二郎神

“二郎景帝”，即二郎神，古代神话人物。传说是秦蜀郡太守李冰的次子。宋朱熹《朱子语录》载“蜀中灌口二郎庙……当时是李冰因开离堆有功立庙，……乃是他第二儿子。”宋以后，全国各地都有二郎神庙，都祀为水神。

大理地区奉二郎神为本主的有：洱源县沙桥甸、太为等村，封号为“二郎圣帝”，鹤庆县境内有五六十个村子奉二郎神为本主，俗称“二爷”或“灌口二郎”。据《鹤庆县志》载：“二郎庙，在治南二十里杨山巅，创建年代无考。咸丰年间毁于火。.....（经修复）自后比岁和廿间，有冰雹自远而来，庙祝鸣角神位前，座下忽霹雳一声，雨雹立缩而止，叠著灵异。”从这段记载中反映出，鹤庆县境内以二郎神为本主的历史悠久，最主要的是二郎神是一位制服冰雹的本主，鹤庆地区多冰雹，请一位能制服冰雹的神来当本主既合情又合理。

财神

施甸

永胜县
高金龙　提供

红河州
高金龙　提供

把财神爷当本主供奉实为少见，目前知道的只有一个，大理市北才村将财神当本村的本主。但财神虽然很少有机会正坐在本主庙，财神作为本主旁神却成了大理地区本主庙中不可或缺的重要角色，几乎百分之九十以上的本主庙中都可以找到财神的尊容，在所有被信仰、供奉的神祇中，财神的数量居首位，这种财神热也同样反映在甲马中。

财神崇拜在全国具有广泛性，是中国民俗文化一大特色。剑川财神庙有一对联，风趣而富有哲理：

我颇有几文钱，你也求，他也求，给谁便好？

尔不做半点事，朝也拜，夕也拜，叫我为难！（清雍正剑川州牧高为阜撰）

财神，原是中国民间俗神，分为文财神和武财神，文财神面容文静，留着五绺长须，头戴宰相帽，身着文官袍服，手捧如意，足蹬元宝。传说，文财神为殷纣王的叔父比干，也有一种说法认为他是春秋时期的范蠡，武财神有两位，一是赵公明，一是关公。赵公明是道教神，传说，他是上天皓庭霄度天慧觉昏梵炁所化生，被张天师收为徒，骑黑虎守丹室。后被天帝封为“正一玄坛赵元帅”。《封神演义》封他为“金龙如意正一龙虎玄坛真君”，手下有招宝、纳珍、招财、和市四神，自此才真正确立了赵公明的财神地位。“买卖求财，公能使之宜利和合，但有公平之事，可以对神祷，无不如意。”（《三教源流搜神大全》）

大理地区本主庙及财神庙和甲马中的财神都为武财神中的赵公明。其造型为：浓须黑脸，顶盔披甲，威猛雄壮，鼓目挺胸，身跨黑虎，一手举钢鞭，一手托元宝。

甲马中的财神为什么经常配合其他神祇参加各种祭祀活动，甚至许多驱鬼避邪的祭祀中也有他的身影？传说，财神原先是一位瘟神，经天帝劝化后改邪归正，“各领鬼兵，动亿万数，周行人间”财神除了与发财有关，他还会呼风唤雨，除瘟祛疾，保病禳灾，驱鬼降魔，尤其是瘟疟疾病时，财神手中的钢鞭可以把病魔一挥而尽，一扫而光。

保山地区
高金龙　提供

大理

大理

城隍

魏山

周城

洱源

城隍庙是中华大地上最普遍的宗教建筑，城隍庙中的城隍老爷也是中国最普及的一位神祇。“城隍”的字义解释就是护城壕，最早的宗教内涵只是单纯的保护城市的神，是一城之神，是一位护国保邦之神。这位单纯朴素的民间俗神，一旦被道教看中之后，其职责不断被扩大。“唐时城隍之神已主冥籍”，各县的城隍都成了阴府的县令。城隍除了能除雨排旱、放晴解涝，捉鬼驱邪，能保佑黎民风调雨顺，五谷丰登，功名利禄，升官发财等日常生活的现实祈盼，最大的功能是阴间地府。

城隍主管冥籍，亡魂要向他报到，死在外地的家人，招回的魂要到城隍那里注册，外地运回的灵柩，也要先到城隍那里领一张通行证。道教在“超度亡魂”时发“知照”文书，要请城隍“拘解亡魂到坛”。

城隍老爷夜堂审鬼在白族地区很盛行。由巫师假托城隍附身，开堂审鬼主要是斥责邪鬼们偷走了病人的魂或魄的胡作非为，城隍会命令邪鬼把魂魄物还原生。经过夜堂审鬼后，病人就会早日康复。

民间民事纠纷，是非难辨时，也经常到城隍庙请城隍老爷主持公道，城隍办案的故事在民间口头文学中流传很广。

甲马中的城隍也较为普遍，其宗教职能基本类似于城隍庙中的城隍，虽然焚烧“城隍甲马”大都在城隍庙，但也有许多场所，巫师可以随意选择祭祀请神的地点来焚烧。

把城隍请为本主也属少见，城隍原本就是一县之主，按官阶级别，本主只属乡村基层干部，不过仍有例外，大理市深长村就有“显应侯城隍”为本主，剑川县向湖村也有“古城隍景帝”为本主。

源于民间信仰的城隍崇拜有一特点有别于佛教和道教，全国各地的城隍都有名有姓，往往以历史上的英雄名臣来充当，“城隍”仅只是官阶名词，与本主的抽象含义相同。如，唐时大将庞玉为浙江绍兴的城隍，宋时的苏缄被南宁和桂林奉为城隍，明朝广东人周新当上了杭州的城隍，汉朝的大将军霍光，元末秦裕伯、清末的陈化成，一起成了上海城隍庙中的三位城隍，爱国英雄文天

周城

祥成了燕京（北京）的城隍……据传，剑川的城隍是为民请愿而罢官的海瑞。总之，各地的城隍大多是有名有姓的、百姓心目中的大好人。可惜迄今的城隍爷的真实身份已很难查实，只留下笼统而含糊的“城隍”这个名称。

城隍崇拜中这种人格化的民间世俗人情味，与白族地区的本主信仰有许多相似之处，两者都体现了“凡施于民则祀之，能御灾捍患则祀之。”（《五礼通考》）的民间信仰习俗，城隍与本主之间生发了内在本质上的趋同，很值得做一番研究。

子孙娘娘

大理　高金龙　提供

泪源

奉“子孙娘娘”为本主有祥云县小李坡、朱罗等村，其本主封号为“洁白圣母子孙娘娘”。

“子孙娘娘”是中国民间俗神，在全国极为盛行，顾名思义就是专司生育之神。分布全国各地的“娘娘庙”就是主奉生育之神。但是，“娘娘庙”中的主神不一定是“子孙娘娘”，祥云地区的“子孙娘娘”被解释为是“洁白圣母”，看来“子孙娘娘”仅只是生育神的概念化，由此派生出的“送生娘娘”“催生娘娘”“乳母娘娘”等一大串“娘娘”使人眼花缭乱，形成了生育之神的大家族。

白族地区的“青姑娘”“金花姑娘”“银花姑娘”“桃花夫人”都是生育之神，“娘娘庙”中都可以见到她们温馨的微笑。

金花·银花姑娘

“金花姑娘、银花姑娘”本来只是“青姑娘”的配神，鹤庆县麻地箐却把她俩奉为本村的本主。传说“金花姑娘”是一位不幸的仙姑（巫师），她年纪轻轻还没有结婚就离开了人世，死后，她发愿，发要为生儿育女的事效尽全力来弥补自己的孤独，要使人间子嗣兴旺，繁衍不息，据传，“金花姑娘”管怀孕，“银花姑娘”管生产。本地还有种说法是：向本主领生，向娘娘讨奶。

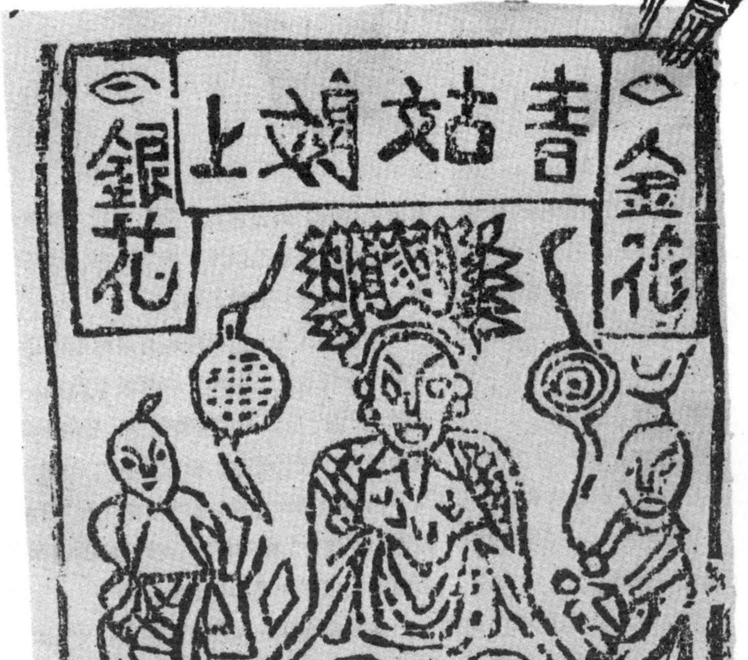

周城

桃花夫人

大理　泪源

道教梦幻般的仙境和逍遥自在的神仙，创造者的想象力始终无法超越创造者的意识范畴，神仙们有妻室儿女，有看歌舞表演和大摆宴席的享受，也有童男童女在左右伺候的福分。在真武大帝身旁就有：“金童擎紫药，玉女献青莲”的一对金童玉女。

在中国的造神运动中，南方人的想象力把真武大帝的这一对金童玉女降到了现实生活中，具体成了周公和桃花女。充满现实意义的神话般的元曲《桃花女》也走上了舞台。以爱情为主题，人情味很浓的《桃花女》在中国民间广为流传。

白族民族故事中的周公和桃花的情节基本来自元代戏曲《桃花女》。

周公是一位神机妙算的青年，桃花女是一位神通广大的巫师，周公的预测多次被桃花女用魔法破坏，周公妒恨后想谋害桃花女都未能得逞。周公遭受灭顶之灾时，桃花女解救了他，最后他俩终于和好，结为夫妻，共同为老百姓做好事。

白族地区的一些巫师还有自称是桃花女或桃花女转身的。巫师家中都设有斋堂，每天的“日课”是到斋堂焚香磕头，焚烧甲马，其中就有“周公先生、桃花夫人”。

白族结婚时要设“喜神牌位”，在“喜神”左右有“周公”和“桃花”，传说中的这两位金童玉女成了夫妻和合的象征。

徐嘉瑞先生在《大理古代文化史稿》中记录大理本主中有“金枝玉叶桃花公主”，但未说明为何村之本主，徐先生是抄录了张贴于本主庙的“神贴”，“敕封大圣西来护法灵镇五峰建国皇帝宝懿自在明德圣母之神位”名单中，其依据是可靠的。

弥渡

生产生活——人生礼仪

甲马是一种以实用为目的的功利主义行为，人们日常生活的各种现象都会在甲马中得到充分的反映。

喜神是快乐之神、吉祥之神、幸福之神，结婚之日喜神临门。结婚喜庆之日，“喜神”甲马不但会被张贴在祖先堂、灶君旁，还会被放进被子里、枕头下。新房中也要张贴一张“喜神”，张贴的喜神方位很有讲究，要请阴阳先生排“四柱”，或请巫师请神指示。喜神张贴好后，迎回来的新娘要正对喜神而坐。

在大理海东地区，结婚庆典中要树一块喜神牌位，左右分别是“周公、桃花”。

喜神是中国普遍信仰的民间神，是一位抽象概念的神祇。一般的喜神都为“红鸾车马喜神”。早生贵子是结婚喜庆中最常见的祝贺辞，各种“喜神”甲马中都有孩子的可爱形象。

拜天地是旧时结婚礼仪中的重要内容，在祭祀喜神时离不开“天地”，有时在甲马中就把“天地”概括为喜神。

“利市仙官”和“和合二仙”也都是喜神。

“和合二仙”，又称万回，俗传祀之可使万里之外的家人即刻返家与家人团聚。和合成了对美满夫妻的赞誉之词，和合二仙也成了婚姻幸福美满的象征。

甲马中将“和合二仙”和“利市仙官”四位组合在一起，总称为“和合喜神”，也称为“和合利市喜神”。

喜 神

弥渡

弥渡

华宁县
高金龙　提供

大理

天喜之神
周城

和合喜神
保山、施甸

利市喜神
周城

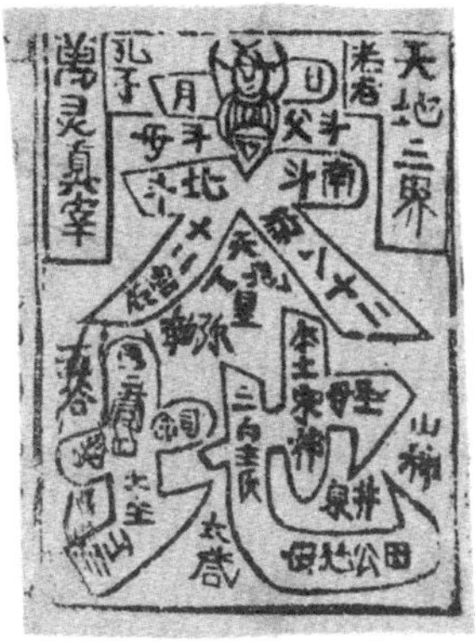

天地
周城

车马喜神
腾冲

吉日安辰
腾冲

地天三界
大理

天地之神
周城

纸鸾銮天喜
洱源

天地
大理

喜神
大理

招财童子
腾冲

天地
腾冲

报喜甲马
泸西县　高金龙　提供

喜神
大理

纣王喜神　喜洲

红銮车马喜神
大理

利市仙官

民间供奉时，财神爷身旁总会有利市仙官，利市仙官也算得上是位小财神，虽说没有明确的来历，但与谐音的“利市”二字有关，《周易》就有：“为近利，市三倍”。做生意的人的口头话都离不开“利市三倍”这个古老的词。

周城

周城

床公床母

“床公床母”也就是床神，人辛劳了一天，总希望睡个好觉，做个好梦。对床神的祭祀是祈求“终岁安寝”，人们认为，失眠或做噩梦都是床神的恶作剧，俗传，床母食杯，床公好茶，所以祭品都以酒茶为主，祭祀都在大年初一清晨时与祭灶君同时进行。

床神也是结婚时必备的甲马之一，若婚后久久不孕，向“子孙娘娘”求子时也少不了床神的派场，结婚时由巫师在新房的床边焚烧，口中念道：

床公床母听说，子孙儿女拜托你，
我们把婴儿拜托了，好好照顾他。
……
小孩跨出门槛了，鸡飞狗跳也不怕，
床公床母在保佑，活泼又健壮。

传说，如果结婚时祭奉了“床公床母”，结婚后很快就会有小孩，小孩也不会从床上滚下来。

（大理县周城七社继兰老人讲述）

痘 哥

“痘儿哥哥”，汉族地区称痘疹娘娘或痘疹圣母，在全国所有的里娘娘庙里都可以找到她的芳容。大理地区把娘娘改成了哥哥，原因不清楚，除了本主身份的“子孙娘娘”，更大范围内是掌管生育的神。多子多福也离不开对子孙健康的祈祷，因此“子孙娘娘”身旁离不开“痘儿哥哥”，他是一位有求必应的小儿科“神医”。

大理

生育之神

甲马中的生育之神很多，如“送子观音”“子孙娘娘”“金花姑娘银花姑娘”等，这些生育之神都被请进本主庙成了一村之主，不过在求子嗣祭祀中并没有限于其本主身份，在全州范围内都可以通用。

“送生娘娘”也是“娘娘庙”中掌管生育的一个神，具体的职能是保佑小孩健康成长，但也包含“送子”的功能。

“血神之神”是妇女孕产前经常祭祀的神，顾名思义，是为了防止孕产时流血过多。孕产时流血不止被认为是得罪了“血神”，要请巫师向他请罪，求得他的保佑。此外，还有“血腥亡魂”“五鬼血光”都是妇女孕产期间使用的甲马。

大理

血神之神
周城

高金龙　提供
陆良县

命 符

巍山

“命符甲马”显得极为诡秘。交易都在密室中进行，一般甲马都印在白纸上，此类甲马选择的纸色都是红、黄、蓝，显得格外引人注目。“命符甲马”中没有神，是各种“关”，如“天狗关”“阎王关”“天吊关”“落井关”“短命关”等，使用“命符甲马”时又称“除命关”或“过关命”。使用此甲马有两种作用，一是家中已发生了类似不幸的天灾人祸，通过祭祀希望消灾免难。使用时分成两步，先焚烧各种神祇的甲马，经巫师“发马”后再焚烧“命符”，但不管起用哪种“命符”，必须要配一张“四柱关”。所谓“四柱”就是算命术中的生辰八字，即祈祷者出生的年、月、日、时辰，由四者组成了“命”。

我在有点严肃的情况下收集到了这组甲马，并详细地讯问了使用的意义及方法，临别时出售者告诫我“别去做缺德的事”。老人的告诫使我感到很纳闷，想必其中还有未曾吐露的奥秘。我回头再去追问，原来此甲马还有替人报复仇恨的功效，使“命符甲马”降临到仇家，使仇家去遭受各种的“命关”，不过能启动这种神力的秘咒早已失传了，老人的告诫只是对我的一种怀疑。

“命符”甲马各地都有，比较集中的是巍山地区，使用“命符”甲马的方法是：把甑子的篾底取掉，将空洞的甑子横放在地上，甑子口贴所需“过关”的甲马，将小孩从甑子里穿出，如此来回24次就算是过了关。然后取下甑子上的甲马，再配上其他的甲马到大门外焚烧。

天狗関

金鎖関

閻王関

千日関

和尚関

白虎関

火関

湯火関

急脚関

鉄蛇関

天吊関

五鬼
関家

断桥関

水関

四柱関

百日関

四季関

将军箭

鬼門関

哭 神

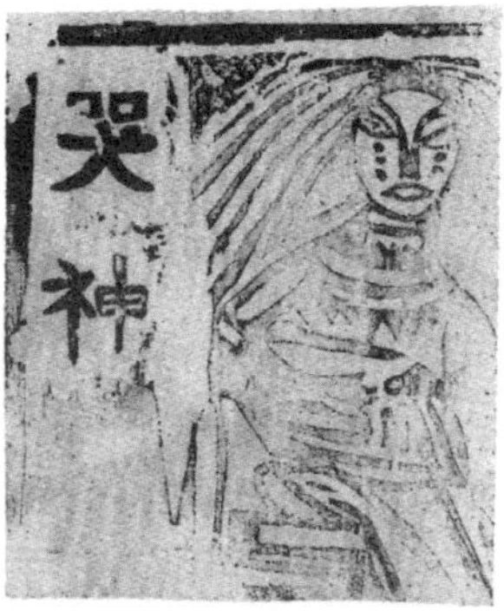

弥渡

小孩整夜啼哭，睡不安稳，被认为是“哭神”在作祟；在家中经常吵架，哭啼不休也被认为是“哭神”在作怪，人们会通过祭祀祈求安宁。

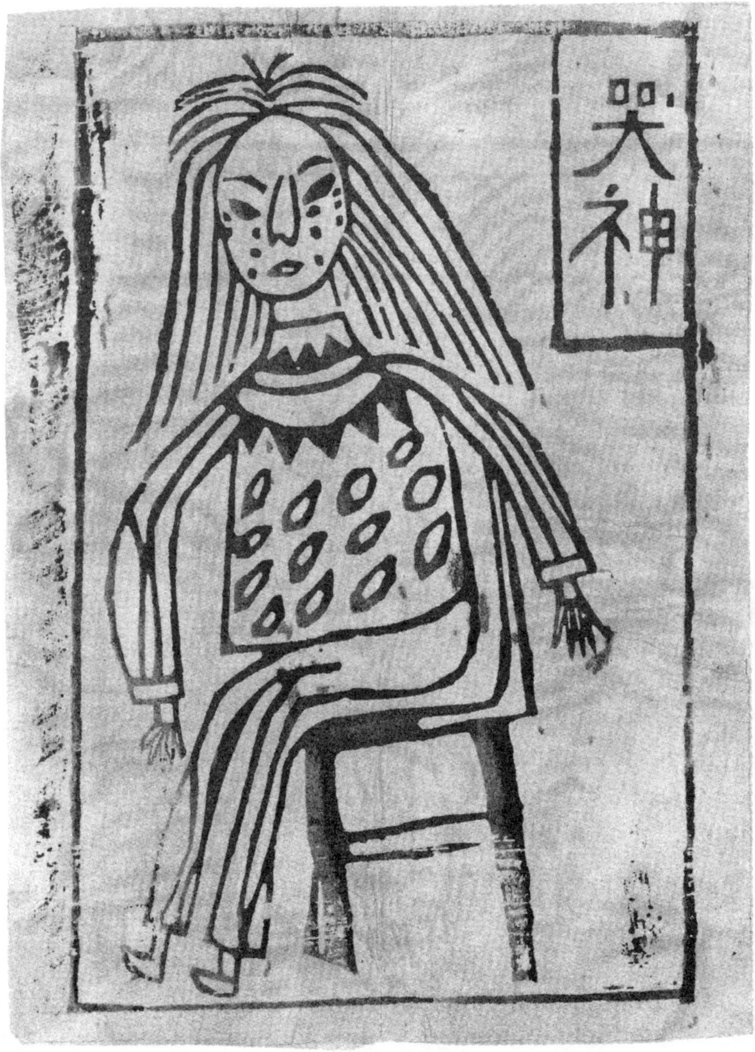

巍山

匹公匹母

“匹公匹母”也与吵架争执有关。人们认为，如果邻居吵骂或打架，来找你哭诉述，请你评理，这平常而合乎情理的行为会把他们家的邪气带到你家。这种事当面不好拒绝，但事后要悄悄去祭祀“匹公匹母”，备上五色礼和冥钱纸衣，请他远远离去，以保家中安宁。

周城

丧葬诸神鬼

云南在明代以前一直盛行火葬，直到明太祖用强制手段制止了这种“残酷野蛮”的丧式，才开始全面推行棺葬。人死后设有灵堂，人们认为灵堂有“阴神”在守卫着亡灵，以防止“煞”来摄取亡灵，但看来这些“阴神”的本事并不大，因为起灵时还要“破煞”，一般由巫师或阿吒力僧来主持，取一碗净水，内装几根蒿枝，主持者念几句咒语，向四面礼拜，挥动手中的长刀，大喊一声“杀”，将碗砍得粉碎，此时，旁边的众人也应声大喊“杀!杀!杀!……”用树枝在灵堂内四处敲打，撵走煞鬼，抬棺人快速把棺材抬到门外。

“煞”是道家术语，阴阳家把五行阴

观世音　大理

腾冲

张亚平　提供

大理

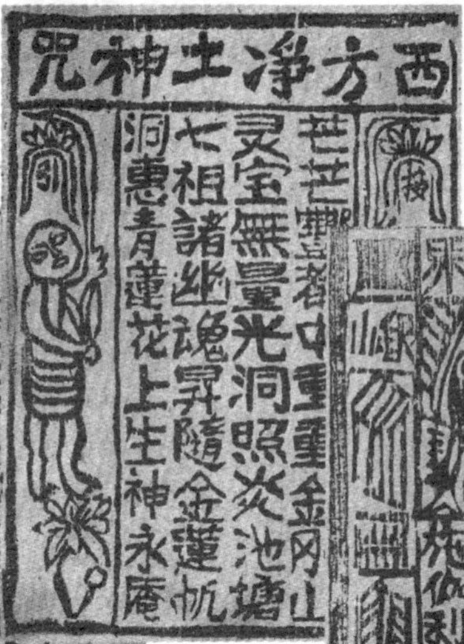

大理

利市喜神
周城

气之位称为煞或灾煞。风水先生替人测风水时，能把灾煞所居之地和所居的时辰算出来，只要回避了它也就万事大吉。

甲马中的煞却是具体形象的凶神，民间传说，煞有雌雄之分，犹如人有男女一样。雌雄煞分别摄取男女的魂魄，轮流值班，将摄取亡人的魂魄变为自己的小鬼，或食之，或奴役之。人死后要请僧人、道士或巫师为亡灵做法事的目的，首先就是驱赶“雌雄二煞”，使亡灵能顺利抵达理想的安息处。白族民间办丧事时，不管由僧人、道士还是巫师主持祭奠，都有“请神驱煞”这个内容，而且都用甲马“煞神”。佛教驱煞神会用“北方天王”，道教用“太上老君”和“值年太岁”，巫术有“五路神”“大黑天神（本主）”。

“丧车之神”也是保卫灵柩之神，在送丧的路途中，有许多游散野鬼会来干扰亡灵，“丧车大神”的职责就是保护亡灵一路平安地到达他的归宿地。

开挖墓坑之前，要举行“开山砍土”的小仪式，先向“值年太岁”和“土地”献礼，得到同意后才动土劈石。

墓坑挖好后，要先“暖坑”，在墓坑内焚烧金银纸锭、“七宝”等甲马。“七宝”又名“七珍”，为佛教术语，指金、银、琉璃、玛瑙、珍珠、水晶、琥珀。

墓葬活动结束时，家人和亲友向亡灵辞别，在墓前焚烧大量的纸钱和“西方净土神咒”及喜神、财神、和合、利市等为生者祝福的甲马。

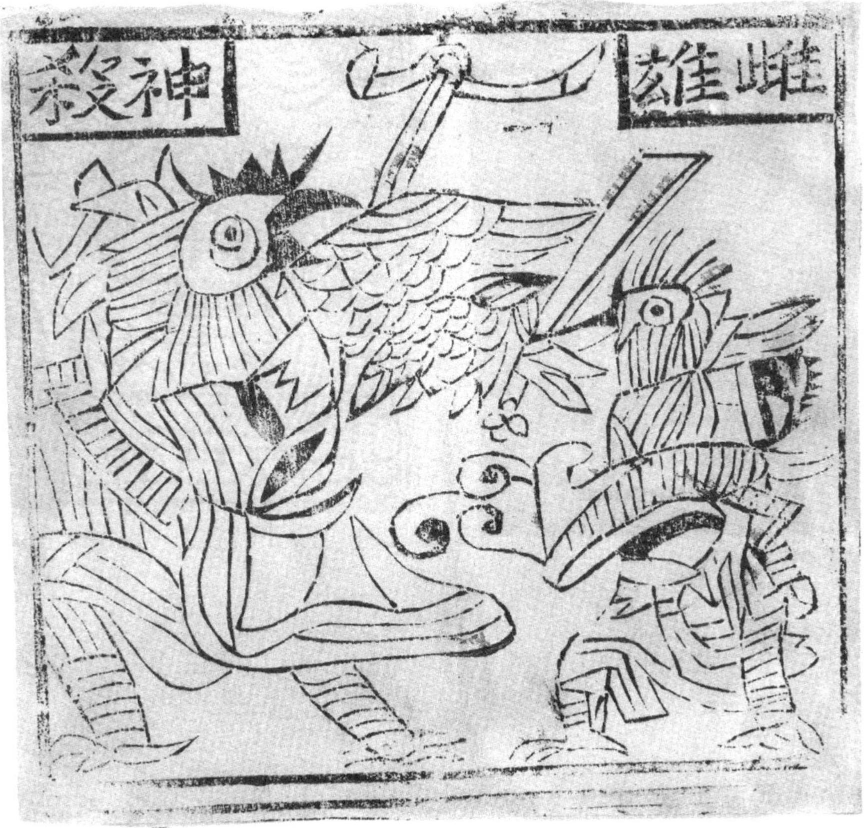

大理

土公子母　大理

施甸

张亚平　提供

丧车神　保山

阴神
周城

丧车神煞
周城

杀神
张亚平　提供

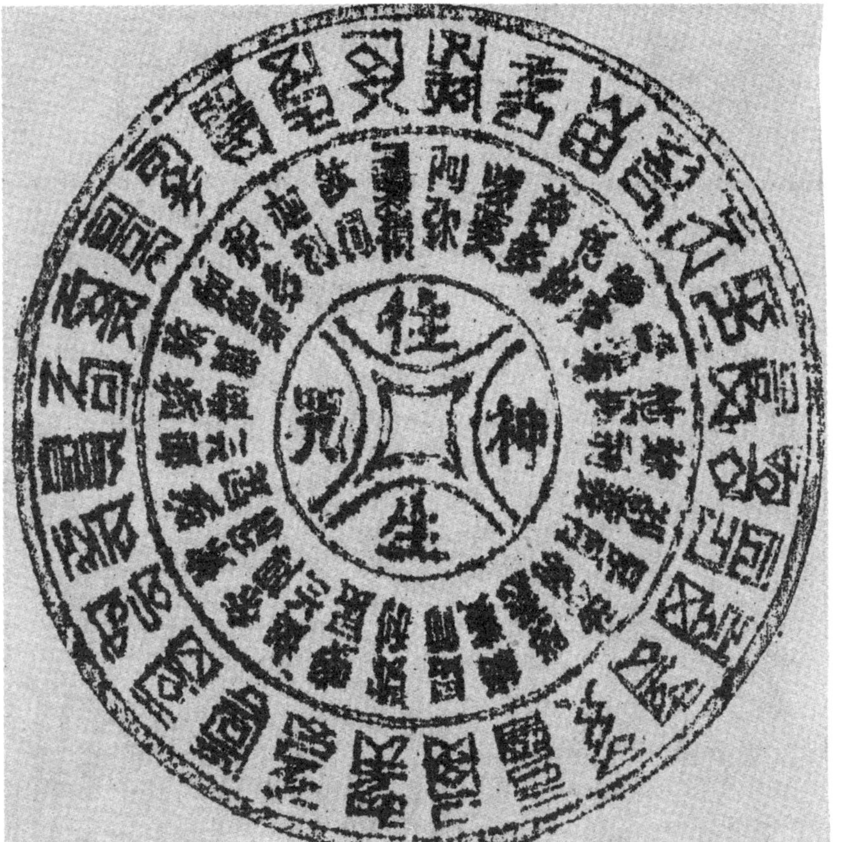

往生神咒　大理

雌雄二煞
张亚平　提供

冷坛八宝

保山

地 藏

“地藏”是佛教四大菩萨之一，又叫“地藏王菩萨”，他的宗教职能是超度地狱中的所有“恶鬼”，是主管地狱之神，佛教中又称他为“幽明教主”。他曾发下了“众生度尽，方证菩提，地狱不空，誓不成佛”的大愿，正是由于地藏“为是罪苦，六道众生，广设方便，尽令解脱”，民间往往把生的希望寄托于观音，而把死的归宿祈求于地藏。

甲马中的“地藏”多数用于丧葬法事，尤其是阿吒力僧超度亡灵时离不开这位为死者解脱的“幽明教主”。

周城

解冤结

巍山

“解冤释结道场”是云南阿吒力法事中最重要的一种仪式。“举十八种之冤家，总六类而包摄。非唯解冤释结，抑亦灭罪消灾，可以崇于福寿，可以荐严先祖，可以资益群生，可以禳于刀兵，可以却于冤敌，可以祈于后嗣，可以保于孕娠。不论吉事凶情，一一可皆修设。”（《楞严解冤释结道场仪》）阿吒力还有一位“解冤结菩萨”，阿吒力的这些“解冤结”经文和菩萨及道场在全国也实为少见，被列为“藏外佛教文献”珍品，也比较客观地评估了其独特民族性。

阿吒力“解百生冤结咒”为：

唵。诺贺诺贺，萨嚩，讷瑟吒。钵罗讷瑟吒，恒罗喃。娑婆诃。……

1.负财冤家罪消灭。

2.负命冤家罪消灭。

3.负心冤家罪消灭。

4.负力冤家罪消灭。

5.负鞭挞冤家罪消天。

6.负呵骂冤家罪消灭。

祭典的目的就是：

解结解结解冤结，

解得百生冤债灭。

冤家债主尽消除，

相逢机遇皆欢悦。

（引文《藏外佛教文献》第六辑）

甲马中的“翻解冤结”“口舌是非”“勾绞”“解冤咒诅盟神”都与阿吒力的“解冤释结”有关。

“咒诅盟神”或“咒神”，都保留了

大理

魏晋时期云南（南中）的巫鬼习俗，“其俗征巫鬼，好诅盟”（《华阳国志·南中志》）。由此来看，“解冤咒诅”的巫鬼崇拜要早于佛教传入云南，阿吒力的“解冤释结”是在这种本土文化上发展而来，我们不敢断定甲马与阿吒力之间的师承关系，但是我们可以清楚地看到，两者的思想之源是相同的。

保山

保山

保山

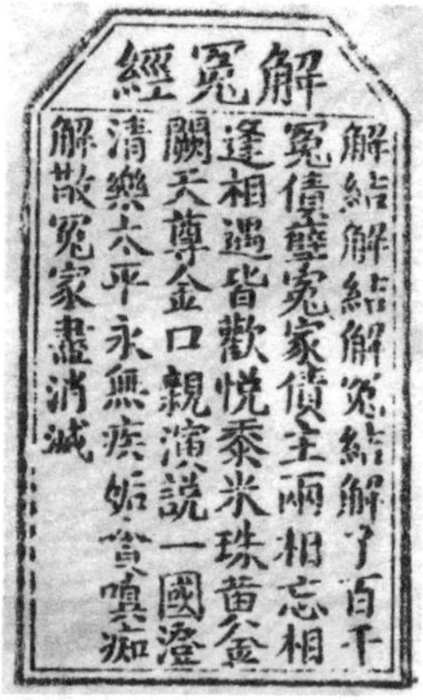
解冤經
解結解結解冤結解了百千
冤債孽冤家債主兩相忘相
逢相遇皆歡悦黍米珠黃金
闕天尊金口親演說一國澄
清樂太平永無疾妬貪嗔痴
解散冤家盡消滅

腾冲

小人子

丽江纳西族祭“小神子”的习俗，白族地区也广为流传。有“小神子”，又叫“小人子”“小人鬼”“地利鬼子”“暗地子”“土子鬼”等，各地叫法不一，意思相同，都是指一种矮小、机灵、迅速、活跃、隐蔽、丑陋，专施恶作剧，躲藏在阴暗角落里的小鬼。

白族民间传说：“小人子”身高寸许，形影飘忽，能变人形。专门说反话：明明是早晨，硬说是黄昏，明明是春分，偏说是冬至，爱作反事戏谑人：会将一柜子大米会变成一柜子石头，一甑子馒头变成一瓶子狗屎，一锅汤变成一锅稀泥巴；让天上下的不是雨，而是石头和沙子；让圈里的家畜从墙板走出来，公鸡下蛋，板凳上墙，……“小人子”是“非龙”“非虎”的老友，是“匹公匹母”的儿子。总之，在白族民间传说中，“小人子”与“口舌是非”的关系非常密切。

“丽江地区彝族则农历正月十五日设祭，叫‘退口神’……滇东北苗族退口舌之祭，横跨两年……纳西族‘退是非口舌’的消灾祭在十二月……景颇族的‘口舌鬼’有大小两种。”（邓启耀《中国巫蛊考察》）

看来，口舌是非大家都怕它三分。

邓启耀先生把丽江纳西族的“小神子”和祭祀“口舌是非”纳入他的巫蛊考察对象，只是白族地区的情况有些差别，白族对“小神（人）子”和“口舌是非”赋予的宗教意义与纳西族有许多不相同的地方。白

大理

大理

腾冲

弥渡

土箭
弥渡

族意识中，“飞龙”即是“飞蛊”，“非龙”“非虎”是制造“口舌是非”的邪魔，是谣言是非的象征，这种把口舌是非这种社会现象认为是中蛊患蛊的征兆，与白族民间习惯的传统意识很难融洽。

民族民间的原始宗教现象，不管是造神（鬼），敬神（鬼），驱鬼驱邪的全过程，一直保持了在客观现实反射下的一种非逻辑的直觉意象，这种直觉意象使神或鬼具备了多元复合的宗教内涵，不过，民间宗教很强的现实功利思想，使每一位神或鬼都有其对应的社会功能。“小人子”说反话，做反事，隐蔽诡秘，能变人形，这是一种宗教化了的表述方式，现实生活的对应关系产生的针对性，即反复无常，纠缠不清的口舌是非才是他最大的功利价值。

如果按照民间直觉意象的原理，到现实生活中去寻找“小人子”，很接近于汉文化中“君子小人”道德概念中的“小人”。

光明磊落，堂堂正正的君子形象容易理解，崇尚君子是中华民族的美德。而君子映衬出的小人却很难辨认和识别，连大圣人孔夫子也只能提醒大家“小人难养”。小人之所以难以辨认，是因为其貌似君子（能变人形），把邪恶的本性都暗藏在背后，作恶多端都在阴暗角落里进行，明处的人很难看得清楚。

搬弄是非，制造谣言，说长道短，流言蜚语，无中生有，捕风捉影，挑拨离间，杀人不用刀，杀人不见血，这些都是形容小人的专用语，背后放冷箭是小人的特权专利。“土箭”甲马非常形象地抓住了小人背后放冷箭这一特征，淋漓尽致地暴露了“小人子”的真实面目。“小人子”趁人不防，从背后射出冷箭，用“口舌是非”把人“勾绞”得坐立不安，引得家庭矛盾四起，夫妻不和，父子不善，邻

五方土箭
弥渡

里不合，亲友不悦。

民间认为，正气旺、八字硬的人，“小人子”难以侵扰。会被“小人子”的冷箭中伤，是因为阴阳不调、阴气过盛，或本命年过关，或冲犯了白虎。

在退扫“小人子”的祭祀中，焚烧的甲马除了“土箭”“五方土箭”“口舌是非”“翻解冤结”“非龙”“非虎”“勾绞”“匹公匹母”“哭神”等这些和“小人子”有关的，更主要的是要请“本命星君”“太岁”“草甲”“白虎神君”“财神”“城隍”“本主”等众多的正义之神。

正义战胜邪恶，这是理所当然的规律，“小人子”和“退口舌”这种民间祭祀活动的经久不衰，说明了人们对社会上的和谐的追求。

大理

弥渡

枭 神

枭，是传说中一种食母的恶鸟，常被用来比喻形容忘恩负义，虐待父母的恶人逆子。

大理地区有这样一种民间说法：父母久病不愈，医药无效，是中了“枭”的邪气，若子女虽然孝敬父母，而父母有过失，神就用不孝不敬的“枭”魔来惩罚他们。另一种说法是子女不孝敬父母，甚至虐待父母，是子女被“枭”影响。如果家庭中发生以上两种情况，都要请“枭神”来驱枭解祟。

祭祀“枭神”撵走枭邪的仪式要到村外举行，离村子越远越好，祭祀中要有一只活飞禽，如麻雀、山鸡（现在大都改为用纸

枭神
小孩子受惊后压惊神使用，将“枭神”折叠缝在帽子里，戴在小孩头上，有逢凶化吉之作用。（鹤庆章虹宇提供）

枭神
弥渡

剪的飞鸟来代替）。祭祀完毕把飞禽放归山野，放生时大家一起高声大喊：“飞、飞、飞、远远地飞、高高地飞”，鸟飞走就表示枭邪已经离开了。

对不孝敬父母的逆子，祭祀中，巫师要念唱《报恩歌》，歌词由三部分组成，一是讲述父母养育儿女的艰辛，二是《二十四孝》中的故事，如单衣顺母、为亲负米、董永卖身、王祥卧冰等，三是《地狱变》，即十藏地狱酷刑等。

巫师通过宗教的祭祀和思想教育工作，确有不少浪子回了头，改邪归正，重新做人。奇怪的是，那些痛改前非的回头浪子，对过去的所作所为很少有思想包袱，村里人也从来不把他们当成本性丑恶的坏人看待。这种不计旧账，轻松做人的灵丹妙药，正是嫁祸于鬼的好办法。把过去的一切过错全部推卸给枭邪，子女的过错非其本意，子女的心地是善良的，只因枭邪在作祟，才发生了不该发生的事。

用消极的办法来解决实际问题，也许正是一切宗教的积极手段。小小的一张“枭神”甲马中反映了宗教的生存力量。

耗 神

在中国民俗中农历正月十六为“耗日”，当日忌讳磨面、磨茶等碾磨行为，所以又有“耗磨辰”之称。“耗日”除了停止碾磨行当，官府衙门都要放假一天，静坐饮酒，不出门，少走动。此俗唐时就盛行，张说的诗中就有：“耗磨传兹曰，纵横道未宜”和“上月今朝减，人传耗磨辰”之句。

民间传说，“耗日”祭“耗神”可免除压伤，跌伤。如果患有腰酸背痛，风湿关节病，敬祭“耗神”，可以神到病除。

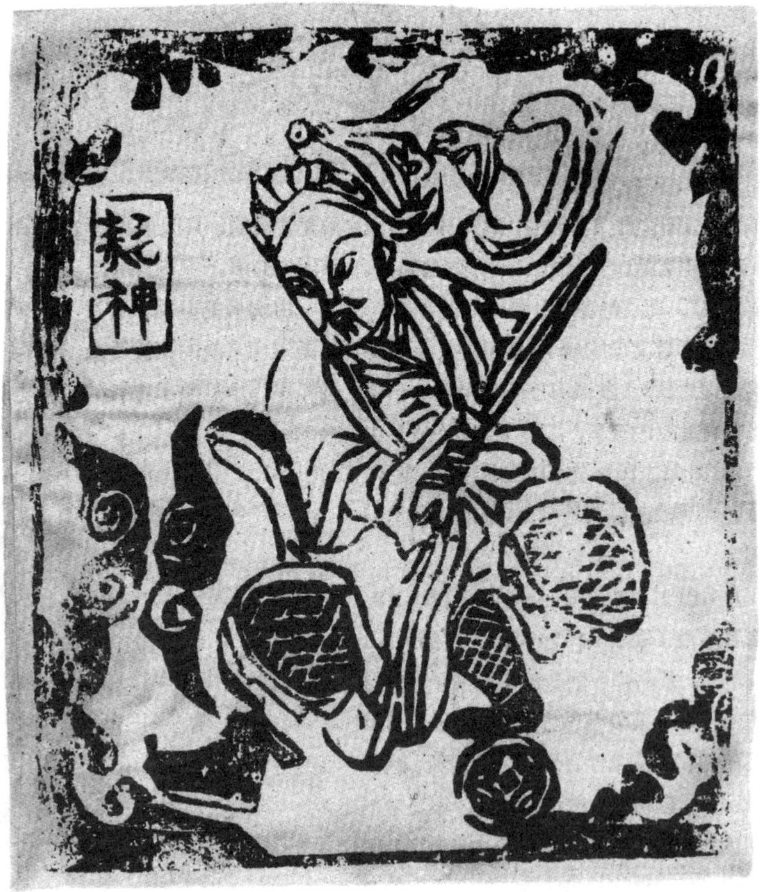

六 贼

“六贼”道教语，道教以色、声、香、味、触、法六尘为媒，而引动劫夺诸善之恶，故以贼喻之。以色为眼之贼，香为鼻之贼，声为耳之贼，味为舌之贼，触为身之贼，法为念之贼，谓为六贼也（《道教大辞典》）。

“六贼神”甲马流行于保山地区，使用民族有汉族、白族。当人出现心慌意乱、心悸盗汗、睡不安宁、食欲不振、无精打采等现象，一般认为是中了六贼之邪，或得罪了“六贼大王”，谢神时不能少了“本命星君”“值年太岁”“城隍”“灶君”和“精神甲马”。

保山

尸 位

“尸位”即尸神、三尸神、三彭。民间传说，人除了有三魂七魄，身上还有三位尸神，乘人睡觉时到天庭向玉帝汇报尸主的罪过。上尸名彭倨，中尸名彭质，下尸名彭矫。

尸神是上天安插于人身上的“耳目”，据说，他每日上奏一次，上天根据他汇报的材料来裁决其人的福分和寿数，人们对他“贿赂”的目的与灶君一样，请他多奏善事，降福于民，看来，尸神和灶君多有报喜不报忧，虚报浮夸做好人之嫌，要不，会有那么多祭祀者在顶礼膜拜呢？

另有解释，尸为鬼神名：“虽无形成实魂灵鬼神之属也。欲使人早死，此尸当得作鬼，自放纵游行，享人祭酹”。（《抱朴子·微旨》）人死后，尸变成四处游荡的鬼，他没有牌位，也无固定的住所，飘忽无形。人们当然不忍心让他挨饿受冻，沦为饿鬼野魂，于是设计了泛容一切尸神的“尸位”，在祭祀家神的时候，请他们来享受祭酹。

圈神
张亚平 提供

保山

农牧狩猎——圈神·粪神

巍山

“圈神”是甲马中最普遍的家神，其职能是保佑圈中的家畜。“圈神”中还有“水草圈神”，是把自然崇拜中的“水草大王”与“圈神”搬到了一起。

万物有灵的多神信仰，其信仰的神灵多到无边无际，反而使人有无神论的感觉，“六畜粪神”就是一个例子，六畜的粪有何神可言？在这个“神”的内涵中，只存在着肥多粮多的农民意识，农民愿望，农民理想。如果硬要把这种愿望和理想变成宗教行为，其宗教的外形式只不过是烧香磕头焚烧甲马。在科技并不发达和普及的农村，农民为了实现自己的理想，把“粪神”当成了自己理想中的信仰偶像，这种思维是多么的实际和自然。

大理

圈神
弥渡

六畜圈神
弥渡

周城

弥渡

放羊哥

“放羊哥”这名字取得很亲切，有关他的传说也很朴素。相传，过去有一位牧羊人，他孤苦伶仃，他帮有钱人家放羊，尽心尽力。有一次，他放的羊丢了一只，主人家硬赖他偷吃了羊，他委屈地死在了山上。死后化成的精灵专门保佑放羊人，为了别再发生像他那样的悲剧。有了“放羊哥”的精灵保佑，羊子就不会再丢失，这是祭祀“放羊哥”的善良心愿。

巍山、弥渡地区的彝族，把“放羊哥”当成了“歌神”来崇拜，“放羊哥（歌）”的彝语是：阿慈罗八。

放羊哥　弥渡

巍山

大理

鸡羊之神
弥渡

羊玺·鸡羊之神

“羊玺”，有多种解释，一是与放羊有关的彝族民间传说：彝人生活在高高的山上，只能用荞面粑粑充饥，上天送给他们一群羊，让他们饲养食用。可是，天上派下来的这些羊不听话，彝人管不了他们，上天于是又派了头神羊来管理这群羊，但它们还是不服。神羊回到天上汇报了情况，上天在他身上盖了玉印，他又回到地上才制服了羊群（有传说是经过了激烈的战斗），这位制服了羊群者就是“羊玺”。

另一说法是“羊玺”是“阳喜”的谐音，用两羊相戏斗来寓意象征“喜神”，结婚时常用之，应对婚后不孕时也常用此甲马。

“鸡、羊二神”是专门用来驱除鸡羊瘟疫的神。民间也懂得“预防为主，治疗为辅”，因此在平常的祭年仪式中都不会忘记请他们保佑鸡羊。

鱼 神

渔家崇拜之神，祭之祈求多打鱼，打鱼时风平浪静，不会翻船。

鹤庆　章虹宇　提供

猎　神

“猎神”基本上是抽象的概念神，具体的人格化有杜朝选（周城本主），独脚五郎，打猎将军。

许多地区的猎神会和山神合一。

云龙山区的白族叫猎神为“格楞”，（白语）即主管山中动物魂之神。怒江地区的白族也认为有神（鬼）在管理着狩猎，这个神既是山神又是猎神。怒江白族在祭猎神时，主持人祷词中会有一连串的山名、地名，意思是将这些山上的猎神都请来共享供品。

洱源山区的白族人每次上山打猎时都要举行祭猎神的活动，燃香祈祷道：“能库（白语猎神之意）啊！请保佑小民×××，此次出猎，扣勒紧，枪打中，箭射准。请牵诸野兽之鼻，遮住众飞禽之眼，尽投入小民之扣路，全撞入小民之枪口，齐着小民之白羽。”打中猎物归来后还要谢猎神：“能库啊!恕小民×××，此次只猎获×××（动物名）子孙，故献祭甚微，请下次将先辈驱至，尤冀有麝香之獐，有熊掌之熊，有鹿茸之鹿。苟若此，将厚祭之。”（调查整理：王承权）

许多白族地区，认为患上吐下泻的疾病是冲撞了猎神，要祭祀猎神。但猎神又没有固定的地点，因此一般都会到山神庙中举行祭祀。在没有猎神牌位的山神庙或野外的祭祀活动中，具体明确的“猎神甲马”显得特别的重要。

巍山

猎神
张亚平　提供

腾冲

树猎二神
张亚平　提供

土神木神
大理

安龙奠土——祭木神

老百姓建栋新房子是一生中的一件大事，从一开始建造到搬进新居要进行四种祭祀活动。

动土 动土要选一个吉日良辰，备好香烧、茶酒、猪头、大米等供品，备一份以“土公地母”为主的甲马。一直供到祭木神时才焚烧。

圆木 建房的木料备齐后，选一个吉祥大利的日辰，由木匠师傅锯一片圆木，主人将圆木片用红布包好藏好，这就叫“圆木”，也算是木工开工仪式。“圆木”的祭祀活动要到城隍庙或本主庙中进行，由巫师主持，焚烧以“木神”“张鲁二班”为主的甲马，这仪式又称请神，希望得到神的帮助，让工程顺利安全。

送神 竖新房的这一天热闹非凡，左邻右舍、亲朋好友都来祝贺，当披红挂彩的横梁缓缓上升时，木匠师傅要高喊吉利的“四句”，巫师及家人在供台前焚香跪拜、焚烧甲马，这过程又叫“谢神”，甲马内容与“送神”相同。“送神”要在夜深人静时举行，祭祀地点和方位由巫师决定，越远越好，参加者有巫师、木匠师傅和男主人，祭品除香蜡茶酒而外，有一套微型的木工工具，一般用稻草树枝做成，还有圆木仪式时保存好的那片圆木片。甲马用“木神”“树神”“张鲁二班”“祖先之神”“本境土主”“城隍”“本主”“山神土地”“日月”“水火”“仁君”“招财进宝”“喜神”“圈神”“羊玺”“瘟部部众”等。内容极为丰富，“甲马”以单数叠好，用印有图案的套封包好，用红纸条贴上。时辰一到，巫师点燃了香，围着每一根柱子转一圈，做一个手势，然后大家跟着他迅速离开新房，途中步伐要快，不许出声，不许回头。到了祭祀地点后再把所有的祭品焚烧。祭祀的目的是希望“木神”能满意地离开，带领他的“鬼斧神工”回到原来的地方。传说，若是“木神”的“鬼斧神工”残留在家中，房子就会有响动，居家不安，家业不顺，六畜不旺，所以在“木神”上常有“送之大吉”四个字。

压土　压土是搬进新居时的仪式，主要是祭祀“土公土母”。“压土”仪式一般由阿吒力法师主持。在家中设内外坛，阿吒力法师上坛作法，念经画咒，叫“安龙奠土”，坛中央插红香两炷，炷中夹有“三界功曹值符使者”和“三界功曹腾奏使者”的甲马。仪式中重要的一个内容是在新居天井四角挖出四个小坑，中间挖一个稍大点的坑，四角坑内放置金、银器（现在一般用铜、铁代替）。鸡蛋（蛋上用朱笔画着符咒）、鲲鳅四物。中心坑内焚烧以“土公土母”为主的甲马。由一男一女两个小孩装扮成“土公”和“土母”，手拿小铁锄把坑埋好。

木神先师
张亚平　提供

腾冲

大理

大理　周城

腾冲

大理　洱源

周城

周城

屋神
大理

周城

大理

周城

周城

大理　洱源

张鲁二班

《淮南子·齐俗训》载：“鲁班，墨子，以木为鸢而飞之，三日不集。”史学家都认为，鲁班在中国历史上实有其人，姓公输，名班。春秋战国时期人，是“鲁之巧人也”。中国民间一直把这位聪明的发明家当成工匠之神。据古书记载，木工使用的锯、曲尺、墨斗、刨子、钻子、凿子等都是鲁班发明的。他还为楚国制造了攻城用的云梯和水战用的钩拒。白族历来以出木匠师傅著称，鲁班所化身的工匠之神自然成了他们最敬重的神之一，鲁班的神奇故事更加美化了神的威望，成了统领“鬼斧神工”的最高之神。

白族甲马中经常有“张鲁二班之神”，张班是土石泥水工匠之神，有人说他的原型是张天师，有人说他是当地土生土长的一位泥水巧匠，死后被敬奉为“泥水匠之神”。起房盖屋，土木泥水是分不开的，木工有“鲁班”的神助，泥水也有“张班”的神通，在“张鲁二班”的神灵帮助下，新房才能顺利安全地完成。

保山

三木大王

三木大王也是祭木神仪式中经常出现的甲马，一种解释是，楸木、红椿、白桦三种木材之神，这三位神的脾气很大，建房时要祭祀他们，稍有疏忽得罪了他们，新房建好后，家中会有响动，使主人家不得安宁。另一种解释是，李、桃、梨三种木材之神，这三种果树长得快，开花结果快，果实又多，祭了这“三木之神”，喻义家业子孙也像李、桃、梨那样兴旺发达、硕果累累。

周城

大理　弥渡

土科·四灵

在“安龙奠土”及丧葬仪式中，用得最多的甲马是“土科”。

“土科”的宗教内涵相当丰富，有中国古代的星宿崇拜，阴阳五行，风水占卜，四柱命符等观念。

五方	五行	五时	五色四灵
东	木	春	青龙
西	火	夏	赤雀
中	土	季夏	黄人
南	金	秋	白虎
北	水	冬	黑武

五方中又有二十八宿，还有五神、五帝。五方中央是人，属阴阳五行中的土，土科中又包含了“土公土母”“土子土孙”。

民间使用“土科”的意义是想求得：五方大吉、五行调和、五神保佑、五时平安、四灵镇邪，从而达到万事顺达，家业兴盛的目的。

弥渡

魏山

弥渡

土科
张亚平　提供

保山

高金龙　提供

青龙、白虎

“青龙”“白虎”是道教的保护神，与“朱雀”“玄武”合称“四灵”，源于古代星象学，分别代表东南西北四方。按阴阳五行的理论又以青（东）赤（南）白（西）黑（北）来表示。甲马中的土科就是用东南西北中来代表金木水火土五行。阴阳平衡、五行顺畅则家庭平安兴盛，所以土科成了祈福时最常用的一种甲马。

白族地区也会把“青龙”和“白虎”作为左右护卫神的风俗，有它俩在，邪鬼就不敢登门。同时，一些地方也有“白虎抬头，祸殃降临”的说法，因此也有“闹白虎”的习俗。在大喜之日的结婚祭祀中，“闹白虎”是重要的一项内容，焚烧“白虎甲马”是必不可少的。白虎有“丧门白虎”“退财白虎”，“其常居岁后四辰，所居之地犯之，主有丧服之灾。”

“草甲”是一位专职专权制服“白虎”的神将。闹“白虎”时人们不会忘记请草甲到场，施展他的职权神威。

洱源凤羽白族认为，害人之鬼很多，而最容易撞上的是白虎鬼，其主要受害者是妇女。撞上此鬼会使妇女流产，或婚后多年（一般指三年以上）不育。结婚时有孕妇或有服孝之人在场就会招来白虎鬼。故白族有个传统规矩，上述两种人在别人举行婚礼时要回避，否则将给主人带去灾难。

确认一个人是否撞上白虎鬼，要先请朵兮薄卜卦推算，一经确定，便会立即请朵兮薄来送鬼。据朵兮薄说，白虎鬼分大煞白虎与神煞白虎两类，前者是神，后

大理

保山

者是鬼。送鬼即是请前者来压制后者，将后者从主人身上赶走。祭仪在主人家堂屋里举行，先用纸书写“大煞白虎之位”和“神煞白虎之位”牌位，贴于墙壁之上。牌位前置木桌一张，其上供活公鸡1只、猪肉1块、鸭蛋1个、酒2杯、茶叶5钱等祭品。接着，朵兮薄用一个面团在夫妻俩身上从头到脚滚擦24次，意思是已将他们身上的白虎鬼魂擦走，从此可以病愈或生育了。然后将面团捏成虎状，并在面虎的眼、鼻、嘴、脚等处滴一点鸡冠血。面团很有讲究，须用3户人家的面粉、4户人家的清水揉和而成。整个送鬼过程需要2小时。祭毕，主人取下纸写牌位，携带面虎和一些冥钱，到村外行人常走的路旁，将面虎埋在地下，其余牌位和冥钱烧掉。焚烧地点要根据当天所属地支而定，确定方位的口诀是：已酉丑在东方，申子辰在南方，亥卯未在西方，寅午戌在北方。

［调查地点：洱源县凤羽乡；调查时间：1988年4月；调查对象：王泽高、王重运（白族）；调查整理：詹承绪］

鹤庆

周城

弥渡

大理

大理　弥渡

白虎
张亚平　提供

大理

腾冲

楚雄州（彝族）
高金龙　提供

白虎

弥渡

弥渡

喜洲

大理

施甸

周城

其他——桥路二神

“桥神”“路神”是老搭档，“甲马”中时合时分，但祭祀中却大部分时间是形影不离。

人生“衣食住行”中桥、路代表了“行”，凡是与行有关的事，不管生人还是亡魂，是鬼还是神都必然经过，得不到他们的放行，谁也别想到达目的地。

有人出远门，请桥路二神保佑一路平安。

死在外地的人需要亡魂归安乡土，也要请求桥路二神宽容放行。

死者出丧，其亡灵在桥路二神的许可下才能顺利地入土为安。

招魂时，不管招回的是生魂还是死魂，只有在桥路二神的绿灯下通行。

驱邪撵鬼时，桥路二神也能帮上很大的忙，让邪鬼无路可走。

本主会迎送本主爷，结婚时欢迎喜神，都离不开桥路二神的相助。

别看这官阶不大的桥路二神，在祭祀中的权利作用却不可小看。

保山

施甸

腾冲

腾冲

弥渡

井　神

每年大年初一，都要在自家井旁祭拜井神。除夕日封井，在井口贴上“井神”，初一日祭祀后才能开井。祭拜时，人们会祈求家中清净如水，财源如井水源源不断，同时感谢井神在过去的一年中给主人家带来好运。封井时贴有“井神”“财神”“利市”“和合”“当年太岁”“灶君”等，祭祀时一齐焚烧。

当井水浑浊、干枯时，人们会认为是得罪了井神，或是水鬼在作祟，在进行除泥浚井之前，要举行祭井解鬼祟的祭礼活动，清理工作完毕后，再拜谢井神的祭祀。焚烧的甲马“井神”“水神”“龙王”“灶君”等，地点多数在井旁，个别的水鬼住在村外沼泽地带，驱水鬼或送水鬼要到水鬼的住处进行。

除泥浚井完工后，把井口盖好，在井盖上贴“招财、进宝”，“利市、仙官”，“财神”“灶君”和“井神”，在从井底挖出来的泥土上插点燃的香和各色小旗。每天摆上食物茶酒并磕头拜祭，如此敬拜三天后才能“开井”，搬走挖出来的泥土。“开井”时将井盖上贴有的甲马取下来，到“本主庙”或“城隍庙”中焚烧，清汪汪的井水从井底冒出来，是祭祀灵验的象征。如果井水严重干枯，则认为不是井神的过错，而是龙王在作梗，祭祀对象就要上升到龙王老爷，祭祀活动中有耍龙、请巫师设坛作法求水的法事。焚烧的甲马内容基本上与求雨相同。

巍山

保山

腾冲

山神土地

明初，皇帝御旨天下，大兴“山神土地庙”，皇权政治的统一法定，使“山神土地庙”遍布大江南北，成了中国历史上宗教信仰中最普及的一种建筑物。

传说明太祖朱元璋出生于“山神土地庙”。又传太祖的乞丐生涯就是以“山神土地庙”为家。登上了九五之尊万岁宝座的明太祖对山神土地的特殊感情或许正来源于此。

和全国一样，明代开始，山神土地信仰成了云南最流行的一种崇拜偶像，其宗教职能渐渐代替或融合了原始的山神、地神，宗教功能几乎包括了所有的民间祈祀内容，犹如“万精油”，什么病都可以用，但什么病都治不好。多功能全方位的万能特征，反而使它滑向了派场很多的配神角色。

云南的山神土地庙建筑都不大，一般建在村外，靠山临土（田），庙中塑有山神、土地两位老人。甲马中的造型也与庙中的一样，长须、手执拐杖、头戴风帽，座前往往有一只老虎，俗语“山神不开口，老虎不吃人”中的老虎指的就是这只虎。民间认为他们是主管本地的神，大小事都会向他汇报，请他作主。除了上山砍柴、打猎、采药之前到山神土地庙做一番简单的祭祀外，山神土地并没有什么其他的特殊的神力，就像甲马中的造像一样，亲切、和谐、平和、中庸。

大理

施甸

大理　周城

大理

洱源

大理

灶　君

传说：灶君是玉皇大帝派来的“家神”，他能保佑全家，又会把家中的过错向玉皇大帝汇报，所以老百姓对他非常敬畏。

在白族地区，每年农历八月三日被定为灶君生日。届时，各家都要举行祭祀。腊月廿三是灶君上天向玉皇汇报之日。人们会摆上糯米粑粑一盘，麦芽糖一盘，马料一盘（稻草内掺蚕豆）等祭品。麦芽糖又叫“封嘴糖”，灶君吃了就不向玉皇大帝说主人家的坏话。麦芽糖不但请灶君吃，家里的每人也要吃一块，吃了封嘴糖可以预防“祸从口出”。正月初一，要迎灶君回家。送灶君时要把旧的甲马“灶君神”取下供到祖先堂前，迎灶君时要重新贴一张“灶君神”，在迎灶君时焚烧祈求平安大吉的甲马，换下来的旧甲马也要一起焚烧掉。这叫“不提旧账，除旧迎新”。

平常，小孩子哭啼，主妇便会揭开锅盖，在锅中点清油灯，请灶君帮忙除掉小孩身上的邪气，小孩受惊吓丢了魂，或生了病叫魂时要念灶君祭词：

尊敬的灶君，
宽宏的灶君，
你神通广大。
我们用酒席来请你，
我们用彩船来接你
我们用大火来求你，
请你大显神灵帮个忙。

我家叫×××的孩子，
他的魂儿到处乱跑，

施甸

大理

大理

至今未见它回来。
我们正在为他来喊魂，
请你帮我们将它找回来
出走的魂儿，
听见老虎叫它会受惊，
碰到豹子时它会受害，
刮风时它会遇到邪风，
下雨时它会挨淋受凉。

他的父母在呼喊它，
他的兄弟在呼喊它，
他的亲友在呼喊它，
让它赶快回来吧。
家里聚集了很多亲人，
家里摆上了丰盛的酒席，
大家都等待着它回来，
吃肉喝酒饮茶。

魂儿啊！
×××的魂儿，
我们在大声地呼喊你，
请你赶快回来吧！

［调查地点：兰坪县、维西县；调查时间：1988年4~6月；调查对象：和瑞芳（白族）等；调查整理：刘初龙］

弥渡

弥渡

太　岁

太岁是道教神，又称岁神，按岁轮值。他掌人间祸福，还管理着土地。民间动土、择良辰就是要避免在“太岁头上动土”，否则就会大祸临头，因为太岁掌管着土地，所以起房盖屋、为死者据墓叠坟等，都要恭请太岁得到允许批准。又因为他是岁神，一年的农业生产、生意买卖都要请他保佑，所以在各种各样的甲马祭祀中都有他一席之地。

《神枢经》称：“太岁，人君之缘，率领诸神，统正方位……若国家巡猎省方……黎修营宅舍，筑垒墙煦垣，并须面避”是百神之统。

弥渡

大理

太岁
大理

喜洲

星　君

"本命星君"也是最常用的甲马，俗传，人逢本命年要过关，会破财、招口舌、生病等，每逢本命年，处处小心倒不如好好的孝敬一番"本命星君"，请他保佑逢凶化吉，平安过关。

按中国古代星相学的解释，每一个人的命相就是天上的一颗星，民间形容诗人文豪是天上的紫微星下凡即源于古代星相学。

世上的每一个人都是天上的一颗星星下凡，世人为生活而忙碌奔波，很少去关心属于自己的星星，幸好天上有一位专门管理星星的神（星君）在掌握人们的命运，只要多加祭祀，就会好事连连。

"本命星君"甲马在祭祀中还有另一种作用，就是在叫魂、还魂或驱邪治病时，来验明祭祀者的身份，以免张冠李戴把魂还给了别人。所以，凡是与个人有关的祭祀中，"本命星君"又成了一张可靠的"身份证"。

腾冲

周城

大理

保山

魁星·文昌

周城

魁星、文昌本来都是星宿的名字。“文曲星”“文星”是魁星之上六星的总称，是主宰功名、禄位的吉星神。民间把“辅元开化文昌司禄宏仁帝君”即文昌与梓潼遂合二为一，称之为“文昌帝君”。从此，“文昌帝君”与“魁星”一样，成了中国封建知识分子求功名利禄的崇拜偶像，人格化的画像也开始出现。

提到魁星，中国人几乎无人不晓，尤其是寒窗苦读的知识分子。在古代学而优则仕的唯一前途竞争中，这位主文笔之神也成了学子们唯一的理想寄托。

“祝天下太平无事，愿吾家耕读有人。”这是广大平民阶层的处世理想，白族人也不例外，在祈福的祭礼中，除了六畜兴旺、五谷丰登、忘不了对“魁星”“文昌”的祈祷。

大理巍山

保山

瘟 司

“五瘟”属道教，为五方力士，即天之五鬼，又名“五瘟使者”。五鬼降到人间就会带来瘟疫。隋文帝曾建祠祀之，封青袍力士为显圣将军，红袍力士为显应将军，白袍力士为威应将军，黑袍力士为感应将军，黄袍力士为感威将军，“在天为五鬼、在地为五瘟”，即春瘟张元伯，夏瘟刘元达，秋瘟赵公明，冬瘟钟仁贵，总管瘟史文业。隋唐之际皆以五月五日为五瘟祭日。

“五瘟”的宗教内涵与瘟疫有关，白族地区也有在端午节祭“五瘟”的习俗。

“五方”即东、南、西、北、中。天有五方，每一方有一神主，这些神主也就是“五鬼”或“五瘟”，祭祀时一个也不能得罪，漏了一方或怠慢了一方都会有瘟疫降临。

喜洲

保山
张亚平　提供

大理

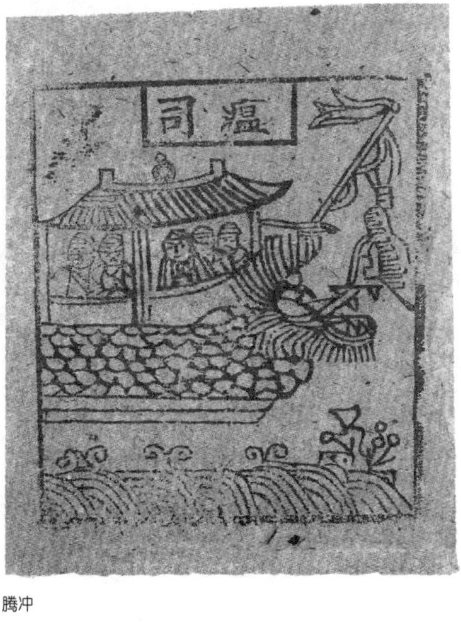

腾冲

瘟司部众
周城

平安大吉

“平安”是最通俗而平易的一种老百姓的生活要求，也是宗教祭祀中最普遍、最起码的一种祈求，平民百姓的这种“愿天下太平无事”的理想追求孕育产生了“人马平安、家门清洁”类型的“平安”甲马。

当今，许多驾驶着豪华型汽车的驾驶员，对“平安”甲马情有独钟，在他们的驾驶室内，不难发现珍藏有“人马平安”的甲马。

大理　洱源

保山

保山

周城

弥渡

弥渡

弥渡

弥渡

大理　周城

月宫
张亚平　提供

自然神灵
——日·月

祭天或祭天鬼，是白族原始宗教中很值得研究的远古哲学思想，从历史的角度来分析，是一种朴素的唯物主义宇宙观，其中包含有早期人类对天体自然现象的直觉解释，只是由于人类进化还没有进入科学的智力范围，而创造了一种抽象的“鬼”来注解对天体宇宙的理解认识。“天登”即祭天台的原始意蕴中，除了宗教的“迷信”，也可以完全把它当成远古时代的天文台。时令、季节、天气预测、日食月食的知识都由此而获得。

为了将天具体化，祭柱是一种重要的形式，“三赕白大首领将军张乐进求并兴宗王等九人，共祭天于铁柱侧。”（《铁柱记》）这种以“合酋长九人祭天于柱侧”来

大理

月宫
大理

周城

月太姑
大理

迷神　鹤庆
章虹宇　提供

大理

决定国家命运的重大祭典，在春秋战国、两汉时期的云南青铜艺术中，都可以找到历史传统的承续。把天具体化的另一途径，就是以日、月来代表或象征，对日、月的祭祀包含了对天的虔诚。

“天地”“日月”是迎“喜神”时的重要内容，是建房乔迁祝贺中不可缺少的题材，是祈祷平安幸福中的主体神灵。

对太阳的尊重是白族人从小便接受的教育，“太阳不能指，指了手指要断。”每年的太阳会是一个盛大的全体性大集会，“太阳天子大成神，天上人间现一转。暖热温和随气候，无论冬夏自调匀。太阳明明珠光佛，四大神州照乾坤……行得快来催人老，行得迟来且留存。家家门前都走过，倒惹众生叫小名。恼了太阳归山去，饿死黎民众苦生。天上少我无昼夜，地上少我没收成。”（《太阳经》）

“万物生长靠太阳”的自然规律，作为宗教的祭祀中也并没有因迷信而违背他。

“千里共婵娟”的美丽故事，在“月宫”中得到了反映，接受嫦娥奔月的神奇传说，也正反映了人类对美好纯洁的共同追求，这种真、善、美的理想境地，白族“甲马”的“月神”做了最通俗的宣传。

水火二神

水与火，是人类赖以生存的重要生活条件，伴随着人类从原始走向文明。“祸兮，福之所倚，福兮，祸之所伏。”这种辩证的唯物观，早在春秋战国时期就已经被普通的老百姓所接受。事物都有他的利弊好坏两面性，水火可谓是这种两面性的最佳范例。

当人们在感恩火给人类带来光明和温暖，因能吃上香美的熟食而祭火神（后来演化成祭灶神）的同时，“火烧一世穷”的灾难悲剧也使人们望火生畏；当人们在干旱的炎日下祈祷遍降喜雨的同时，洪水的凶残能使万顷良田变成沙丘，房屋桥梁冲成荒墟，这噩梦般的惊心动魄对水从不投予纤柔的好感。“水能载舟，水能覆舟”是中国人摸透了水的脾气而做出的形象格言。

甲马中的“水火二神”，在宗教意义上都体现了事物的一反一正。

云南许多地方都认为火神是一只鸟，它飞到哪里，哪里就会发生火灾。甲马中就有一位骑马的官人，张弓去射这只鸟，这位射鸟的官人正是火神，那只张皇逃窜的鸟是火鬼。火神是管理各种能发生火灾的邪妖，祭火神正是请求他管理好他手下的这些邪妖恶魔。所以火神又称“火部之神”。各村都有他的牌位，一般设在本主庙或山神庙中。

兰坪、维西的白族都认为火神是一只长着长长尾巴的红色鸟，它的到来引起了火灾。因此，火灾过后要举行送火神和撵火鬼的仪式。“共兴村送火神是集体祭祀活动，全村人出钱买一只绵羊、一只鸡，用竹篾扎一个人像，聚集在发生火灾的地方祭祀一番。祭后大家将残木余火放在一口大铁锅

弥渡

大理

大理

内，抬着它和人像游村。走过每户门前，主人要站在门口端一碗清水，向火、锅泼一点，表示灭火消灾。最后抬到卜卦选定的地点，摆上供品，烧香磕头，烧掉人像，然后扑灭铁锅内的火，送走火神。”河东村祭火神“用竹子和白绵纸扎一只船和一个人像，用一只鸡先到发生火灾的地方祭火神，然后到河边一块大石头边烧掉船和人像……回村时，人的眼睛只能向前看，不能往后瞧。如果往后瞧，火神会跟着回来。”（调查整理：刘龙初）

鹤庆地区在送火神时会用竹子扎一条龙，要耍水龙来驱逐火神。洱源西山在祭火神时，会由朵兮薄主持表演咬犁头。朵兮薄口中咬着烧得通红的铁犁头，四处飞跑，这叫找火神。当找到火神，朵兮薄将犁头插在地上，一群人就用锄头去挖，一直挖到地下有铁器为止，挖出的铁器就是火神。找到火神后，做一番祷告：“用三年的大红公鸡祭你，用三年的大肥羊祭你，希望你远远走开，离开我们这一村子、离开我们这一方……”

白族平时也祭火神，最通常是春节期间，家家都要到城隍庙、本主庙中祭火祉神，新建的房屋落成时也同样要祭火神。而最通常的情况是“水火二神”同时祭。

“河泊水神”是水神中专管河泊之神。据说，河中淹死的人，每年都要找一个替身，再有人溺死于河中，前面的鬼才能到阎王那里报到。祭河泊水神，是请他不要把替身的空缺找到自家门上。也有认为，身上长泡、水肿、腹泻、盗汗等病症是得罪了河泊水神，要祭而谢罪，请他宽恕。

“河泊水神”甲马也与“桥、路二神”甲马同时使用，“桥路二神”保佑陆地上的“行”，住在水边的村子还要划船过河，“河泊水神”又成了管理水运的“行”神。

大理

施甸

周城

大理

周城

火神之位
喜洲

腾冲

火神
保山

火神
弥渡

弥渡

火塘神

云南的彝族和山区的白族，每家都有一个火塘，火塘的位置在主屋的正中心，火塘上放一个铁三脚架，火塘中的火终年不息。生活中，火塘能取暖、照明、烧水做饭、驱赶蚊虫，使野兽毒蛇不敢进屋，是进餐休息、接客聊天、家主寝居的地方。它确实成了家的中心，对它的尊敬显得特别的虔诚。彝族和白族一样，火塘是光明和温暖之源，是神圣的生活之本，不准在火塘边说脏话、不准在火塘边跷二郎腿、放屁、小便，不准屁股朝着火塘而坐，不准用脚踩三脚架、把污水脏物倒进火塘，最大的忌讳是从火塘上跨过去……这就把生活意义的火塘升华成了宗教崇拜的“火塘神”。兰坪地区的白族（拉玛人）认为“火塘神”是家中的祖先，他们在荐亡经咒中就有：“我走了，但没有远离你们，我会照亮你们，给你们温暖，使你们好事相逢，逢凶化吉，子孙繁衍，家业兴旺……”拉玛人每年都有固定的时间祭火塘，平日上山垦荒种地、伐木打猎都要祈求火塘的保佑，如果碰上疾病，跌倒、烧伤等，会被认为是冒犯了“火塘神”，招魂赶鬼时也要请“火塘神”出力助威。

巍山古鲁村的彝族每年大年三十晚上和初一早上都要举行祭火塘礼。在火塘边插上十二炷香（闰年则插十三炷），供上油炸的苦荞花和糯米花，表示敬献给火塘的金钱和银钱。在叫魂时，先到火塘边敬拜，到屋外叫回了魂，又回到火塘边拜谢，表示已经把叫回的魂交给了火塘。

古鲁村的彝族除保留了古老的火塘崇拜，在汉族和白族的影响下，也非常信奉灶君，还有以村为单位的“灶君会”。南涧地区的彝族也有一年一度的“灶君会”，他们祭灶君的目的是让家中火塘的火更兴旺。

大理

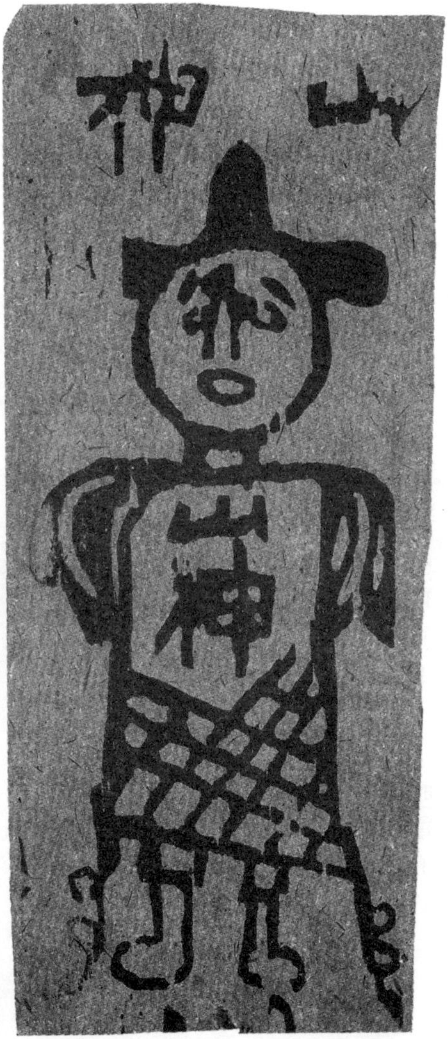

山 神

山神崇拜在云南由来已久，早在南诏时期：“蒙氏平地方，封岳渎，以神明天子为国主，封……五十七山神。”（王崧《南诏野史》）在胡蔚的《南诏野史》中也有记载：“高宗显庆二年……封十二圣贤为十二山神”，又载：“异牟寻以点苍山为中岳，乌蛮乌龙山为东岳，越赕高黎贡山为西岳，嶲州雪山为北岳……各建神庙。”由国王敕封的这些山神，后来大都演化成了本主，这些本主经人格化的文学艺术处理，与原本的山神相去甚远。

除了上面这些历史可查、官方敕封的山神，民间的山神崇拜同样非常普及流行，各村各社，包括县城的居民都各自有着与生产生活有关的山神。在山区，山神与猎神合二为一，不过，祭猎神时祭山神，祭山神时不一定祭猎神。山神除包含猎神外，还有他更广泛的职能。兰坪县境内的山神就有，野

山神、家山神、白山神、黑山神、干山神、雪山神、大山神、小山神、高山神、矮山神等二十多种，有管人健康的、管五谷丰收的、管放牧的、管架桥的、管修路的、管挖沟的等山神，凡是碰上天灾、人祸、开垦挖地、栽种收割、放牧打猎、砍柴伐木、出门安葬等都要向各种山神祭祀祷告。

兰坪境内的白山神，据说是所有山神的最高统帅。各路山神都有明确的司责，东山神管读书、做官、经商，西山神管疾病和福祸，高山神管五谷丰收、六畜兴旺。

人患头痛、呕吐，说胡话，就要祭白山神。一般在什么地方得病就在什么地方祭，或者在村外的任何一个地方都可以，白山神没有固定的地点。祭白山神用白公鸡，麦面粑粑、大米粑粑、1碗米、1碗盐、白酒、香火等祭品，不准供茶。以朵兮薄主持，还有三四个男子陪同。朵兮薄的祭词大意是：

祭……噢……
祭……噢……
九座高山上的山神，
九重雪山上的山神，
山峰顶上的山神
撵山打猎的山神
……（念十多种山神名）
×××村里的×××（病人的名字）
他在走路时无意踩着你的影子，
他在爬山时无意踩着你的身子，
他在劳作时不慎惊动了你，
他在打猎时不慎惊动了你，
他招惹你生气、恼怒，
你们才让他生病、浑身疼痛。
……

（引文《中国各民族原始宗教资料集成·白族卷》）

这种山神崇拜是一种原始自然崇拜的遗风，随着汉族地区“山神土地”的盛行，这种原始的自然崇拜逐渐被“山神庙”所冲淡，众多地区祭山神都成了祭“山神土地”。

“山神”在白族地区又称“药神”或“采药神”是采药者常敬之神。上山采药之前要恭敬他一番，上山就可以采到百药。如冒犯了他，采药时，珍贵的药草会在你眼皮子底下你也瞧不见他，往往会“身入宝山，空手而回”。

施甸

岩 神

“岩神”崇拜在白族地区的自然崇拜中历史久远，经久不衰。我们在本主章节已做过介绍，有许多本主是直接的岩石偶像。

“岩神”崇拜现象直到现在，在白族地区仍然很盛行。洱源西山地区，把岩神当山神来祭奉，认为岩神（山神）在主管着六畜五谷，老幼健康，所以在西山区，到处可以见到山上的岩石被当成山神而被祭奉。

把山岩大石当成神灵崇拜的现象，云南境内的各民族都有此习俗，大理地区保留得尤为完整。鹤庆地区的奇岩怪石祭祀，宾川祭蛤蟆石为“石将军”，剑川的红砂石祭，石宝山拜石钟，上兰地区祭石母、甸南文华村祭三颗石，云龙地区拜祭“石老爷”。此外还有昆明西山白族祭怪石，怒江白族仙岩祭。

白族人为什么如此崇拜“树神”和“岩神”？传说，树木和石头是山神的儿子，为了使人类不受风雨雷电的折磨，不受豺狼虎豹毒蛇的伤害，树木告诉人们“把我的身子劈开，去盖一间房子。”岩石说：“把我的身子劈开，垒成屋墙。”从此人们住进了房子里，温暖安全地生活着，为了感激树木和岩石的献身精神，人们把树木奉为“树神”，把岩石奉为“岩神”。

保山

大理

树　神

树神
弥渡

云南地区各个村寨都有自己的“树神”，树神源于社树，许多地方的社树还保留至今，有些社树就在村头，它根深叶茂，是一个村社的象征。有的是在山上，是众多树木中长得特别高大或外形奇特的一棵。“树神”有保佑村社的职能，村社的兴衰可以从社树的生长中反映出来，村社中的许多宗教活动多数是到树神那里进行。“树神”与“木神”有密切的关联，祭“木神”时总要请“树神”参加。它还有一个明确的职能，就是与雨水有关，干旱时村民就向它祈雨，所以他也经常配合“水神”“龙王”通力合作，为民解旱。

社树也是闲散野鬼栖息之地，大树的绿荫中增加了一层阴森而恐怖的神秘。

巍山

树神　大理

山水草木之神
洱源

大理　周城

树神
大理

虫王

风神
大理

风神·虹神

“风神”，我们可以在本主庙中找到他的塑像，他手拿大皮囊，巍然站立在本主身旁。与他对面站立的是保护庄稼的“护神”，手上立一只鹰（捉麻雀）或身跨农药喷雾器的虫王（现代塑像），本主庙中经常出现的这两位神，都是保护庄稼的护神。

“风调雨顺”是农业大丰收的基本条件，把“风神”列到第一，已充分说明了“风神”的重要地位。

白族民间常见的“封白”祭俗，就是为了禳解恶风暴雨、雷电冰雹的宗教活动。“封白”，各村都有固定的时间，在此时间内，严禁白色的东西进村，白色可能与风雨雷电、冰雹霜雾相关。忌白体现了一种对自然力量的恐惧，在“封白”时间，村民们还要到山神庙、本主庙去烧香磕头，祈祷神灵的保佑不要刮大风，不要下冰雹。

雨后斜阳中，天上会出现“红橙黄绿青蓝紫”的彩虹，美丽的自然现象把远古的先民们吓呆了，他们还来不及弄清这奇异的现象来自何处，眼前的景象就已经消失得无影无踪。它从哪里来？它到哪里去？它是什么？一连串的疑问在无法回答中，“神灵”的概念又一次给了惊恐中的人满意的答复。“长虹”之神就这样加入了万物有灵的“神灵”大辞典。

长虹是神圣崇高的象征，对他的尊重不亚于对太阳、日月，当他出现时要举行简单的祭祀，烧香磕头，直到他的归去。俗传，小孩流鼻涕，眼睛红肿，口吃，兔唇都是因冲犯了“长虹之神”的报应，见到彩虹时，千万不要用手去指，这种不礼貌的行为最容易冲犯“长虹之神”。

中国古代的卜辞中也有："有祟……亦有出虹，自北饮于河。"虹，是一种不受欢迎，使人讨厌的不祥之物。白族也有相同的反映，虹的一头落进湖泊江河，啜饮了水气，必有大旱。"长虹之神"（又称"水干之神"），在干旱求雨的祭祀中，人们也希望他能助一臂之力，与雨水有关的"甲马"中，"长虹之神"有其不可缺少的一席之地。

巍山

风神
张亚平　提供

鬼神、精灵——青姑娘

洱源

“青姑娘”是深受白族妇女爱戴的妇女之神。在剑川，每年都要举行一次盛大的“青姑娘会”，开展群众性的祭祀活动，表演者都为妇女，上百人集体演唱，音乐有专门的“青姑娘调”，祭祀活动中除了对青姑娘的缅怀和祝福，更多的是祈求青姑保佑妇女们得到幸福。古老的祭祀活动成了妇女倾诉心声的集会，表达了她们对幸福美满生活的渴望，也发泄了她们对男尊女卑不合理的社会秩序的愤慨，这种祭祀妇女之神的宗教活动，宗教的内涵已经被减弱到只剩一个外壳，“青姑娘神”也确确实实只是一种精神的偶像，舞台的主角成了活在现实生活中的劳动妇女，歌舞的主旋律成了向不合理社会制度抗议的宣言和示威。

《青姑娘》是流行于剑川县甸南、羊岑等地的一种叙事体歌曲。

传说有一位勤劳善良，聪明美丽的白族女子青姑娘，从小给人作童养媳、惨遭婆婆虐待，丈夫毒打，小姑挑唆。受尽了白族妇女的“入人”（注：姑娘出嫁到男家，称为“入人”）之苦，最后被逼得走投无路，跳进海尾河，（笔者注，亦有传说是跳进厕坑而死，因歌词中有：厕所旁边来接你，笊篱遮脸面，）以死来反抗吃人的封建婚姻制度。

为了表达对青姑娘的怀念，每年正月十五元宵节，白族妇女们就纷纷捐钱买纸，扎成一个青姑娘偶像，并穿上白族妇女的服饰，加以彩画，迎到村里场坝上进行祭奠，晚上，妇女们抬着青姑娘的偶像，唱着青姑娘的身世，到村中每条巷道里走一转，然后又回到场坝上，和青姑娘一起打秋千，直到深夜。打秋千结束后，人们便把青姑娘“送”回到海尾河里。

《青姑娘》演唱大体可分为三个部分。第一部分是对青姑娘的怀念；第二部分是青姑娘的身世和遭遇；第三部分是青年妇女们对美好生活的向往。在传统活动里，用剑川白族调及其他五支不同的曲调反复、交替演唱。

《青姑娘》选段：

做人媳妇受人管，天还不亮就起身

（《云南白族民歌选》）

洱源县三营、牛街，大理县喜洲、周城一带都普遍敬奉“青姑娘”，但有多种解释。一说她妇女之神，传说故事与剑川相同，但剑川没有“青姑娘会”和青姑娘的音乐歌词。祭祀时使用甲马，“青姑娘之神”外还配有“喜神”“财神”“和合

大理　周城

二仙”“送生娘娘”“子孙娘娘”“五谷神”“圈神”等生产生活内容的“甲马”。祭祀目的是祈求得到青姑娘的保佑，使妇女在生产生活诸方面顺利圆满，以免遭受与她同样的不幸。还有一种解释是，虽然承认青姑娘是妇女之神，但她的身世却是“红山本主”的娘娘，善良贤惠的青姑娘专为妇女解厄除难，尤其是生儿育女方面的苦难，有求必应。金花姑娘和银花姑娘是她的左右协侍，金花姑娘代表生男孩，银花姑娘代表生女孩。青姑娘的宗教司职已接近于“送子娘娘”和“子孙娘娘”。

大理　巍山

大理　喜洲

姑奶奶

“姑奶奶祭”是白族地区相当有地方民族特色的一种民间民俗活动。对“姑奶奶”的称呼及传说各地不同，有“阿姑”（姑：白族学者杨延福先生解释，“阿菇”或“阿始”是即将消失的古代白语，是对有地位的妇女的尊称，相当于现代汉语的“太太”）、“姑老太”“姑奶”“金姑”“老祖”等，剑川一带的白语叫“姑司游司”。在宗教内涵上，她似神非神，似鬼非鬼，似魂非魂，把她纳入精灵之类仍然显得很勉强，但这已经是最接近于其本质意义的唯一归宿。

“金姑”的来历，海东白族已讲不清楚，有人说她是鬼，有人说是神，也有人说她不是正神，经常作祟于人，使人生疮、长癞子。凡患疥疮的人，一定要用香蜡纸火、猪头一个、鸡蛋一枚、饭一碗、酒一杯前去祭祀。

每年农历六月的火把节和冬至节，各家各户都要带上茶、酒、猪肉、鸡蛋、豆腐、米饭和炒菜到金姑所在地祭祀。这两次祭祀同平时祈祷祛病的祭祀仪式有所不同。这两次必须由老妈妈主祭，她们要拿做针线的顶针当升斗，量出谷子、麦子、豆子等粮食12斗（即12顶针）献给“金姑”。老妈妈们边叩头边说：“吃你的米，吃你的水，这12斗粮食是敬献你的，请你保佑我们。”

海东地区每村都有“金姑”，有的一村数个，名庄村竟有10个。有的“金姑”在墙上，有的在井边，有的在树上，有的在路边刺蓬处，有的在人们的院坝里。

“金姑”如在院坝或路边、就要专门给她盖个小庙，小庙用石块翻成，横竖进深

大理　喜洲

不过尺余，顶上覆盖几张瓦片，内供白纸印的画像一张，横额写“姑奶之神”

［调查地点：大理市海东乡；调查时间：1988年6月。调查对象：赵禺、李志超、张问达（均为白族）；调查整理：王承权］

民间流传的姑奶奶诰文，其内容说明了姑奶奶的来历、家人、地位和作用，其文曰：“尊居境地，位镇树林墙根。有无害人假真，不有疫病疮癞，也无摆子痢疾。三剑之地，处处不有而余，钏离钟秀，征缴（剿）白王，后来落马，只受香烟，父母所生三男七女，也是姑奶奶茨（刺）芭龙神，金花姑娘，银花姑娘，聋耳哑子。五瘟大小命中所犯，不有害人之心，信之则有、不信则无。威风凛凛，杀气腾腾，生前正直无私，殁后显化神灵。曰仁曰义，曰礼曰信。

祭姑奶奶的仪式及供品：凡患病以后，经巫师走阴、问亡、瞧香火、算命瞧出

大理

周城

大理周城

堂下

三立（位）姑（奶奶）
弥渡

来，需要祭献姑奶奶，才去还愿祭献。主祭人跪请本村姑奶奶来此作客，献过生后即烧起柴火、宰鸡、煮肉制作供品，同时清扫姑奶奶房前屋后，给姑奶奶房前披红挂彩，换甲马纸。”

［调查地点：凤仪上锦场、敬天厂、上洱阳等村；调查时间：1988年12月；调查对象：杨兆熙、杨敦、杨大有（白族）等；调查整理：邹汝为］

姑奶奶的“住处”一般非常简陋而且矮小，没有塑像，供一张印有姑奶奶的甲马，在祭祀姑奶奶的仪式中，换一张新甲马也算是对她老人家的一片诚意。换下的旧甲马不可乱丢，要在磕拜的祷祈中焚烧。

有些地区没有姑奶奶的房子，都认为她活动于刺蓬和阴水沟，巫师认定病人是冲犯了姑奶奶，便要拿着祭品、“甲马”，到刺蓬阴沟处去向她谢罪。

“堂下”甲马中的两人是阿嫍老爹和阿嫍老太，传说是三国时孟获的岳父岳母，是弥渡小梨园人。弥渡铁柱庙里有“阿嫍殿”，殿中所供奉的塑像也是这两位。

罗昌阁大王

白族民间故事中，家喻户晓的《观音伏罗刹》的“罗刹阁”在大理苍山上阳溪口，那里还保留了关押罗刹的“罗刹洞”。一年一度的大理三月街的会场，据说就是当年观音与罗刹立字据的地方。

许多学者都从这则民间故事中梳理出大理地区的宗教历史线索，故事中的观音代表了外来的佛教，罗刹代表的是本土的巫术势力，这则故事是佛教战胜巫术的历史缩影。

“‘罗昌阁大王’就是《观音伏罗刹》故事中的罗刹，这个凶残的恶神虽然被观音锁进了山洞，他的魂和精气还是不断出来作祟。”（周城张庆坤讲述）

当地人认为，家业不顺，村中发生灾祸都是罗刹的余威在作怪。也许是传说中罗刹专吃人的眼睛的缘故吧，人们觉得凡是患眼病都是“罗昌阁大王”在作祟，祭祀时，“罗昌阁大王”再配一张“观音”就会更灵验。道理明摆着，罗刹最害怕观音。

周城

将军洞之神

“将军洞之神”实际上是一位自然崇拜之神，传说把他人格化，是将军洞本主庙中李宓本主的副将，忠诚的义气使他与李宓同时投水自尽。本主对他很信任，大小事宜都交给他去办理，他有职有权，求本主办事不如去求他，所以在人们心目中，他是将军洞实力人物，谁也不敢得罪他。祭祀李宓本主时往往先要“发马”去请他。

青山六叶（爷）

弥渡地区传说：是南诏天宝战争中英勇牺牲的六位将领。弥渡红岩西山有“六爷庙”，每年除夕致祭。

洱源

天狗之神

民间有把他当成“主守财”的神，破财或财路不顺时请他保护，与“财神”合用。这可能与狗能护家的生活现象联想而来。

也有把它当成凶神恶煞的时候，最突出的例子是，月食现象，老百姓的解释是“天狗吃月亮”，百姓们不忍心纯洁善良温柔的月亮被邪恶所吞食，敲打铜盆为月亮助威，吓跑天狗。月食是不祥的预兆，巫师要带领百姓举行祭“月神”赶“天狗”的祭礼活动。

“天狗”又是星象学中的星命，家业不顺、夫妻不和也认为是犯了“天狗”忌日，由巫师主持举行“天狗”的仪式，目的有二：一是谢罪，二是将其驱赶出门。

天狗之神
周城

天狗毛煞

张亚平　提供

洱源

大理

龙

白族和彝族共同传颂的“九隆”神话，把民族的文化图腾投向了中华民族的起跑线上。这种同源异流或者异源共流的文化大趋向，使民族大家庭更加丰富多彩、勃发生机。

龙是神圣崇高的象征，在白族人眼里还有其平常和邪恶的一面。神圣崇高的讴歌反映在以龙为本主或以本主为龙的本主信仰中。

龙的平常和邪恶，广泛普遍地存在于白族的日常生活之中。白族意念中，凡是有水的地方就有龙。大理苍山十八溪中有十八条龙，“（剑川）州有龙潭凡九，曰老君，曰易提坪、曰仙女炼、曰隔洪、曰建和、曰白难陀，俱流入剑湖：曰北丛、曰白龙、曰清龙、俱流入湖尾”［（清）顾祖禹《读史方舆记要》］。因为到处有龙，所以到处都有龙的祭祀活动，“西洱河滨有赛龙神之会”（明《滇略》）苍山“顶有池，广数十亩，龙窟其中，祷雨辄应。”（《滇中琐记》）喜欢讲故事的白族人，还给每一条龙都编制了优美动听的传说。

靠山吃山，靠水吃水，住在海边的渔民，每当下海撒网捕鱼之前都要祭龙神（水神），希望龙神保佑风平浪静，满载而归。大理海东金梭岛的海神叫“三星太子”，传说是洱海龙王的儿子。

大理

大理

大理

龙王庙几乎占据了白族的各县各乡各村各寨，无论是平坝、海滨、河边、山区、半山区，都可以见到规模不等的龙王庙，庙中又有各式各样的龙：有青龙、白龙、黄龙、黑龙、赤龙、天龙、地龙、水龙、火龙、财龙、母猪龙、邋遢龙、咳嗽龙、癞龙、泡龙、瘟龙、飞龙、非龙，还有龙母、龙女、龙太子、龙娘娘、龙奶奶、龙老爷、龙公公等，组成了一个庞大而丰富的龙家族。这些龙中有好龙，也有坏龙。善良和邪恶，光明和黑暗冲突较量的龙世界，显现了爱憎分明的民族性格和善良正义的民族理想。

生疮、长癞子，是“癞龙”在作祟，要煎一盘豆腐、干拉粉片，备上茶、酒、香，在土锅中盛锅水，滴上几点香油，把鸡蛋煮熟作为祭品，祭祀“癞龙”的配套甲马有“本命”“替身”“本方龙神”“清龙”等。在巫师的主持下，在龙王庙或污泥沼泽边祭之。

干旱求雨时要香龙，赶“旱魃”。香龙是用稻草扎成，身上插满点燃的香，耍完与“火龙”甲马一起到水边焚烧。

传说，天上有一条火龙，它所到之处就会有火灾，千顷禾田都被它烧成焦土。“火神”管住“火龙”，但火龙本性野蛮，火神一不小心，它就逃到人间作恶多端，祭祀的目的一是驱走它，二是请火神管好它。

周城

大理

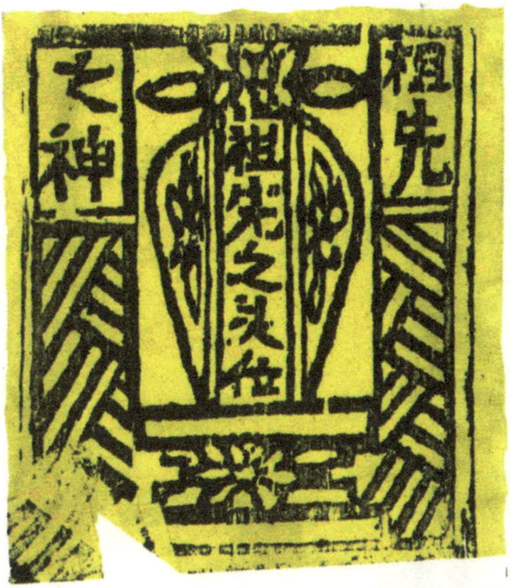

大理

祖先·鬼魂——祖灵

祭祖是中华民族的优良传统，对祖先的崇拜成了民族凝聚力的最佳表达方式。传说中，每一个民族都有自己共同的祖先，“炎黄子孙”就是这种优良传统中影响最大的祖先信仰的精神体现。

“九隆”是云南的白族和彝族都普遍信奉的祖先故事。“龙生夷”的神话，很接近于远古的图腾，与中华民族以“龙的传人”引以为自豪一样，白族对龙的偏爱与祖先崇拜不无关系。

祖先崇拜在本主信仰中折射出的是以姓氏家庭为单位的集体偶像的具体人物，他既是保护神，又是家族的共同祖先。

远古图腾的集体信仰，深深地渗透到每家每户，分解出以家为单位的个体祖先。白族地区的每家每户都设有祖先牌位，“祖先之神”就供奉在那里。家里的人都要认真虔诚地去敬奉他们，家中的大小之事都要向他们汇报，尤其是像结婚喜庆，新建房屋，播种插秧等大事。还有为小孩叫魂、驱邪撵鬼等活动都要得到祖先们的神助。白族认为，在祖先的庇护下，家业兴旺，生活美满。祖先是白族家庭的保护神。

周城

周城

众神
魏山

众神
保山

祭　鬼

人死之后会变成鬼，这是民间民俗信仰的共同真理。鬼常常是邪恶恐怖的代名词，人们日常生活中的众多坏事，不顺心的事，倒霉的事，都是鬼的恶作剧。驱鬼、斩鬼、赶鬼、撵鬼、送鬼、谢鬼、敬鬼等祭祀活动成了民间的日常仪式，从而也产生了对鬼的两种态度：一是敬奉，家里的人死了也变成了鬼，这些祖先的鬼对人是有益的，所以都以神来称呼。二是同情和防范，对那些无家可归的游荡野鬼，他们缺衣少食，无家无钱，每年的春秋二季庄稼收获后，都要举行祭祀活动，送衣送食、送钱给他们，祭祀的目的当然是希望他们不要来加害于人们。这些游荡野鬼中，那些战死在沙场的亡魂，能享受规模不小的集体祭祀活动。“虚空过往之神（鬼）”是游荡野鬼的概括，“男女客之神（鬼）”是对那些为痴情而献身的男女情侣之鬼的敬奉。

亡魂
弥渡

腾冲

周城

周城

驱　鬼

当家中发生不愉快的事，多数是疾病，巫师认定是某种鬼在作祟，由巫师主持进行驱鬼仪式。如发冷发热、患疟疾，脚疼、恶心、腹泻等病症，一般是“打摆子鬼”在作怪；外伤流血不止，妇女产后流血，是“血鬼”在作祟。肚子经常感到饥饿，身上长许多小泡，认为是“饿死鬼”缠身。这种与疾病相关的鬼太多了，“难产鬼”“吐鬼”“太阳穴鬼（头疼）”“大门鬼（脚疼）”“咳嗽鬼”“哑巴鬼”，在兰坪山区的白族，把“汉族鬼”“吴三桂鬼”都当成与疾病有关的鬼。

巫师驱鬼祭祀仪式中，最隆重的是“上刀梯”“下火海”“捞油锅”，在这些仪式表演时大量地使用甲马，平常的驱鬼仪式以焚烧甲马为主要手段，“追鬼使者”“阴兵”“五路刀兵”“城隍”“本主”“北方大王”“大黑天神”“财神”等都是大围剿中的各路天兵神将。

男女客官之神
洱源

大理

弥渡

五路刀兵

“五路刀兵”是本主爷的武装部队，是驱邪赶鬼时冲锋陷阵、直接与邪妖魔鬼刀枪相见、奋力拼杀的勇士。“五路”有五路神即土地爷、马（牛）王爷、仙姑、财神、灶君。

“五路”又有“五方五道”的含义，五方指东南西北中，五道指神道、人道、畜生道、饿鬼道，狱道。“五路”往往成了形容四面八方各种神兵天将都来协力的大兵团作战。

本主老爷的武装部队“五路刀兵”，为什么都是面目狰狞的鬼模样？这与中国的“傩”文化有关。

“方相氏（巫师）掌蒙熊皮，黄金四目，玄衣朱裳，执戈扬盾，帅百隶而时难（傩），以索室驱疫”（《周礼·方相氏》）。

“傩”与“㩜”相通，“傩”实际上是一种把人打扮成比鬼还可怕的样子来吓唬鬼的“㩜鬼”活动。周代巫师方相氏，身披熊皮，头戴“黄金四目”的面具，手执兵器，目的是驱疫。这种“傩疫”到后来成了“傩舞”的内容之一，“傩舞”的演变，在绝大多数地区被简化成了跳神。

俗话说“鬼怕恶人”，因此本主老爷的刀兵们，个个凶残丑恶，狰狞可怖。鬼一见，定会吓得屁滚尿流，望风而逃。

刀兵
弥渡

阴兵
弥渡

张亚平　提供

阴兵
腾冲

巍山

五方五路
周城

保山

五鬼
巍山

刀兵
腾冲

喜洲

替身
腾冲

替身
大理巍山

替身
弥渡

替　身

看到“替身”，使人立即想到世界宗教史上最黑暗的那一页：在重大的宗教庆典祭祀中，一排排的战俘和奴隶，被砍下了头，血花四溅，横尸遍地。

野蛮的原始社会，直到奴隶制社会，“人祭”成了这段岁月最使人触目惊心，印象深刻的宗教内容。中国先秦时期，尤其是商周时期，遗存的卜辞甲骨文和古墓葬遗址，反映了“人祭”现象的残酷和普遍。在最黑暗的那段时光中，国中大型重要的建筑，在开基和落成的祭典时，都要举行用活人作为牺牲的“人祭”和用牲畜作为牺牲的“杀祭”。贵族死后，用活生生的人殉葬则更为盛行。据胡厚宣先生统计，先秦遗存的1350片、1992条卜辞记录了人祭。这种国中大祭，《周礼》一书还把它列为周之“大礼”。

云南晋宁石寨山、江川李家山等地发掘的云南青铜艺术中，有“杀人祭柱”“杀人祭祖”“杀人祭铜鼓”等“人祭”的场面，“剽牛”祭祀的“杀祭”场面更多，反映了春秋至两汉云南“人祭”“杀祭”也很普遍。云南有些少数民族，直到解放前夕，还在盛行“猎头祭年”的野蛮风俗。

用活人为牺牲和用牲畜为牺牲是同步的，社会进入封建制，“人祭”由“杀祭”所代替，屠杀牲畜成了国之“大礼”，统称为“杀祭”。

宗教的鬼神世界，实际上是现实世界的幻象折射，祖灵、鬼神都像现实的人一样，需要生活的享受。在大小不等的所有宗教活动祭祀中，食品、茶酒、衣物、钱财成

周城

替身　保山
张亚平　提供

了规定的必备供品，拥有家禽六畜，有奴役服侍，有妙龄美女舞蹈解闷取乐，更是上等的享受。由“杀祭”演化而来的“替身”由此而来。

甲马“替身”的用途很广，凡是献神、送神、谢神、娱神的场合都用“替身”，丧葬，祭祖时也使用，甚至敬鬼时也使用。

民间很少知道“替身”与“人祭”“杀祭”的考古学意义，久而久之，“替身”成了通俗平常的供品之一，他们只知道画面上排是人，下排是家禽六畜，画上站满的男男女女，都理解成了纸上的东西，在使用“替身”时的心情是那样的轻松平静，还带几分善良的诚恳，当年的血腥残忍被艺术洗刷一空。

“替身”的原理与“以纸代钱”一样，甲马中的那双绣花鞋，也算得上是绣花鞋的“替身”吧！

弥渡

周城

招　魂

魂魄，是中华文明史上最古老的传统宇宙观。从万物有灵转向对人自身的反思中，自然而然地幻化出了魂魄这种人的精气。“附形之灵为魄，附气之神为魂”。用中国字的象形会意来解注，魂魄两字与鬼紧密无间，可以说魂魄观念的根和源离不开远古的鬼文化。魂魄就是创造出千千万万的人自身的鬼，是人自身反思时在直觉的感悟想象中产生出的形而上的主宰者。

中华民族古老的宇宙观，对人的理解就是由具体实在客观的肉体和抽象虚无主观的魂魄两大部分组成。魂魄与灵魂之间有区别，灵魂与生命，死亡相关，魂魄与人的生活关联。中国人早已习惯了这古老的观念，魂魄早已超越了宗教内涵，成了一种审美心理和对生活事件的通常形容词。苏东坡的诗句：“玉雪为骨冰为魂”。《红楼梦》中的“冷月葬诗魂”。表达崇高的“民族魂”和“国魂”的日常用语“气魄”。“魂不附体”现在很少有人相信“魂不附体”时要请巫师作法把魂找回来，在古代，“招魂”却是一桩严肃的生活大事。

现在云南境内的白族和彝族仍然保留着很强的魂魄观念，招魂成了他们日常生活中最常见的现象。招魂多是服务于人，在偏远的山区，也有为家畜服务的招魂仪式。对人的招魂祭祀活动，分成招生魂和招死魂两种。招魂时巫师载歌载舞，口中念不同的招魂词。招魂过程中的主要内容是焚烧甲马。

甲马中用于招魂的神祇相当多，几乎所有的甲马都在招魂中使用。其中有明确为招魂的甲马如“送魂使者”“追魂使者”“惊吓之神”等，其他如“山神土地”“树木之神”“水神”“五

洱源

保山

鬼”“丧·秧二煞”“尸位”“阴兵”“亡魂”“桥路二神”“灶君”“本岁”等都是招魂时必备的神祇。

招生魂中最普遍的莫过于小儿受惊吓之后的“叫魂”。小孩发烧，睡不安稳，梦中身体抽颤，都是因小孩受惊吓，魂魄丢失所致，要请巫师或专门为小孩叫魂的人替小孩把丢失的魂魄找回来。巫师取一茶杯，在杯中装满生米，生米与杯口平齐，然后用手巾包扎紧，巫师用手握住手巾一角，将杯口对着小孩从头到脚来回空晃，巫师口中默念“叫魂词”，到一定时辰，巫师打开手巾，原来与杯口平齐的生米会出现一个缺口，这个缺口正是神灵的指示，也就是魂魄丢失的方位。家人备好供品和甲马，随同巫师到神灵指示的地方焚香跪拜，然后巫师开始“发马”，这时的甲马必须在木瓢中焚烧，巫师手拿余烟飘曳的木瓢，到荒草乱石间去寻找丢失的魂魄，有时是在水边路旁或桥头墙角去寻找，不管在什么地方，巫师总可以找到一种类似蜘蛛的黑色小昆虫，这昆虫就是小孩丢失的魂魄。民间把这种平常很不容易碰见的小昆虫称为“魂魄虫”。“魂魄虫”找到后用布包好或装进小瓶中，一路上谢拜“桥神路神”“山神土地”，先到本主庙，巫师举着“魂魄”请本主老爷过目，回到家，将魂魄虫在小孩身上空晃几遍，又到主人家的灶君前拜谢，焚烧“惊吓之神”“灶君”“本命星君”等甲马。巫师的行为表示出极大的严肃认真，找回的魂魄先请本主证实确认后，交给灶君保管，这样，小孩的魂魄就不大容易再丢失了。

如果家长明确告诉巫师，小孩的惊吓发生在自家院子内，巫师找魂时就不用生米布包去请神灵指示方位了，而是直接取木瓢在小孩身体四周空晃若干回，在木瓢中焚烧甲马，乘瓢中尚有余热，巫师一手拿木瓢，一手拿火钳，在每一间房屋的门后暗角，用

弥渡

火钳轻轻敲打木瓢，口中不断念着“招魂词”。转到本家祖先坛前轻声讯问：“找到的魂魄是不是小孩丢失的？”巫师自问自答一阵子后，到灶君处跪拜，把魂魄交给灶君，回到小孩处，巫师用手指将木瓢中的甲马纸灰在小孩眉心画一笔，表示魂魄附体。这种“叫魂”直到现在的农村山区仍然很盛行，不过，“叫魂”的过程愈趋简化，会“叫魂”的人愈来愈稀少。

招生魂，还有离家出门的人回到家后生病或事业不顺，认为是魂魄被丢失在远处，巫师也同样可以为他招魂，把魂魄从远处叫回来。夫妻不和，经常口角，也认为是男方或女方的魂被别人钩去，只要举行招魂仪式，夫妻会重归于好。

招死魂，最常见的是在人死后到出殡安葬的整个过程中，“安魂”“送魂”“谢魂”轮流穿插进行。民间认为，人死后，结

大理

大理

追魂
腾冲

束了的只是肉体的生命，肉体生命一旦不再活动时，魂魄就会离开肉体，四处飘荡，丧事中出现的宗教仪式，无论是佛教阿吒力的超度亡灵，或道教的破鬼关，巫师的招魂，目的都是一样的明确：让死者的灵魂（魂魄）有一个好去处，最重要的是千万别让死魂留在家中。亡魂理想的去处有佛教的西方极乐世界，有道教的仙境，也有巫师最简丽的去处，那就是让魂魄随同尸体一起到土中安息，巫师的办法朴实而简便，入棺时备两个小瓶，一瓶中装水，一瓶中装五谷，通过“叫魂”（一般从死者生前常住的房间开始），用红纸将两个小瓶包好，放在死者头的两侧，这叫“安魂”。

招死魂还有家人死在外地，不忍心使他做异地野鬼，请巫师把亡魂招回来，招回的亡魂先安置在祖先堂，到七月十四日或清明节才送出家门。

白族地区还认为，疾病与魂魄有关。云龙地区的白族认为，人如果无精打采，昏沉嗜睡、浑身无力，就是魂魄丢失引起的，需要举行“招魂”“讨魂”“赎魂”三种仪式。兰坪，维西的白族也认为，人患有心悸，盗汗，噩梦，茶饭不思，情绪烦躁，四肢无力，面容憔悴等症状，是魂魄丢失的结果，叫魂或找魂时，灶君是关键人物。

大理

夜游神

《山海经》中也提到有“夜游神”，但写得很朦胧而使后人费解，郭璞注《山海经》也只提到“昼隐夜见”之神。到了杨慎的补注才算有点详细“南中夷方或有之，夜行逢之，土人谓之夜游神，亦不怪也。”看来这位“夜游神”并不凶残，夜里碰上他也不以为怪，只是“夜不置洗灌余水，恐夜游神饮马”。杨慎所指的“南中夷方”也就是现在的云南少数民族，这位“夜游神”在云南的历史也不算短，明代时就已有活动。

民间传说中的“夜游神”，从未做过伤天害理的事，只是经常做噩梦时才认为是夜游神在捉弄玩耍人，拿“夜游神”甲马焚烧，请他到别处去玩也就算了事。

大理

巫 蛊

巫蛊是中国一大奇闻怪事，蛊，说它真的存在，谁也没有亲眼见过，说它纯属虚无，却已有三千多年的历史，远在公元前11世纪的周代就有“掌除毒蛊”的司职官员，直到现代，仍然有人愿意去相信，“蛊毒”“蛊神”之类的甲马的存在就证实了巫蛊的残存余威。

“旧志，杨御史曰：民间养蛊，毒死人家儿女……今邓境冬月晚间，见飞焰一条，自屋角内出，越一二里，落于山脚。谚云：将所毒之幼儿，在坟头取土回家，变成银吧”［（明）艾自修纂《邓川州志》］。

“蜀中多畜蛊，以金蚕为最，能找人之生，摄其魂，而役以盗财帛……滇之东西网盗，无金蚕，其鼠、蛇、蛤蟆等蛊害较烈。每夜静云密，有物熠烟如流星，低度掠屋脊而遄飞，尾铓修烁寒烙，摇动心目。余甚诧之，询之同官，始知民家有放蛊事，并述蛊所止，善食小儿脑，为鬼盗，如金蚕，然豢蛊之家，其妇女咸为蛊所淫，稍拂欲，即转食蛊家小儿女，千计莫遣，必蛊家贫绝始自去……而遗孽未殄，散落民家，犹惧祸，豢养踪迹隐秘，比（毗）邻莫知，余闻而痛恶之，屡于新兴、剑川设法告捕，思尽歼其种类。间有首者，往搜无所获，用生猬取之，亦缩缩无效，深以为恨”［（清）张泓《滇南新语》］。

“滇中夷妇有养蛊者，小儿多中其毒，始由胜腑达于头面，渐溃剥蚀溃烂，不可救药。及其中未久，延蛊医诊之，集众围火而坐，浇一时之久，蛊在壶中不胜烧，乃鼓荡其壶，向空四击，众不敢近。忽壶塞喷脱，水则跃出为五色霞光，夺门飞去，水著人头目，冷于冰雪，竟不温也。烧后，儿患稍愈可救，不则难救……又有名骡子蛊、牛马蛊者，能盗致人家财谷，今农家露谷于场，必以铁刀或铁矛插谷堆中，防蛊盗也”［（清）杨琼《滇中琐记》］。

云南历史上的养蛊治画，我们可以从明清的记载中有所了解，时至今日，巫蛊的效应大部分已凝固成了传奇故事的口头文学，巫师提供的祭祀内涵，只是一种传统习惯的印象和感觉。

古（蛊）弥渡

蛊　神

“蛊”，白语读成一斗米的“斗”。是一种充满了神秘主义，使人望而生畏，但又是看不见摸不着、防不胜防的东西。在甲马中被具体形象为似蛇的长虫，这蛇形的长虫即是蛊本身，又是生产飘忽无形的蛊的工具。传说，巫师家中都养有蛊，巫师身上装有蛊毒，他们既是放蛊者又是破蛊者，巫师的社会威望大多来自对蛊的拥有权。许多巫师弟子就是通过巫师有目的地放蛊，而后驱蛊，被迫走入了巫师的行列。

大理白族地区广泛流传说，巫师把蛊藏进指甲里，趁人不注意放进食物中，吃了这些食物就会被蛊所祟，轻则生病，重则丧命。更有甚者，巫师拍一下你的肩膀，或巫师用手摸过的东西，只要你的手接触过，蛊也会立即附到你身上。

有时放蛊者不是巫师，而是身上有蛊的被害者，某病人一旦被巫师确认身上有蛊，他同时会指出放蛊者是谁。不过巫师们也算聪明，为了避免麻烦的民事纠纷，巫师可以用咒语将放蛊者的魂魄招到现场，通过焚烧甲马，将蛊与魂魄物归原主。许多所谓的放蛊者是无辜而被动的，他们往往一无所知，直到巫师提醒后才知道自己曾犯了伤天害理人命关天的罪行，在突如其来的恐慌中，也像患蛊者那样乞求巫师的解放，经巫师为他向蛊神祈祷后，蛊才能离开。巫师的这种一箭双雕的连环战术，很容易造出人心惶惶的局势。在巫师主持下的祭蛊仪式极为诡秘，蛊离开人体后往往转向猪或鸡的身上，这些带有蛊的动物都要用火烧死，深埋到地下。

传说，因男女爱情而死的“风流鬼”

蛊毒神君　保山
张亚平　提供

保山

也可以变成蛊，这种经过巫师特意加工培育的蛊，俗称“痴情药”。据传，男女中的一方爱慕对方，而对方对他不予理睬时，巫师便会以授予“痴情药”，对方只要吃了或嗅了这种药，就会一反常态，如痴如醉地投向爱慕者的怀抱，这种在爱情上能心想事成的“情药”仅存在于白族地区的传说中，现在剩下的只是一句对男女爱慕追逐的形容词。不过，被爱情刺伤了心灵，精神不振者，往往被认为是患蛊的症状，要进行一番驱蛊还魂的祭祀活动。

云龙旧州一带的白族有“养鬼婆”的说法，传说中，她们把蛇、癞蛤蟆、蚯蚓、蝴蝶、硬壳虫等一起放入一个陶罐中，由它们自相残杀，7天之后，罐内存活的动物就称之为“邋遢鬼”，家中养有这种鬼的老婆，可以通过接触、放药的方式加害于人，受害者不是生一场重病就是漏财破财。经过7天的残杀，存活者是蛇就称之为“苍龙鬼”，“苍龙鬼”要经过三年的精心喂养才能灵验，喂养的食品是肉类和鸡蛋，鬼婆经常把“苍龙鬼”放出去偷吃别人家的东西。

从古至今，蛊与“毒”被并称“蛊毒”，是巫蛊的全称。甲马中的“蛊毒神君”形象地概括了这种意念，还有“军牙六毒”“五毒虫神”等都应该归纳为巫蛊甲马。

在驱蛊祭祀活动中，大量的甲马是在请神驱蛊的祭祀中焚烧，“神”或“毒神君”“后宫娘嫉”“军牙六毒”等直接与蛊毒相关者外，配置的甲马还有“青龙”“白虎”“玄武”“朱雀”组成的“四灵”，还有“本命”和“太岁”“本主”“城隍”“财神”，“白虎神君”是务必到场的重要角色。俗传老虎是蛊毒的克星，青龙是蛊毒的爷爷，蛊毒一听到他俩的名字就立即逃之夭夭。

驱蛊治病有时也会将甲马神一张包一个鸡蛋在病人身上来回滚动，滚后把鸡蛋放进火里烧，鸡蛋在火中发出炸声，说明蛊毒之气已吸进了鸡蛋里，病人很快就会痊愈。

保山

周城

后宫娘娘
飞龙飞虎

“后宫娘娘”甲马上，“她于幕帷间坐，目光空洞而难以捉摸。前面放养有带翅的爬虫，活脱脱一副养蛊者的架势。它使我们联想起汉代宫闱盛巫蛊之术的旧事。”（邓启耀《中国巫蛊考察》）

说“后宫娘娘”是养蛊者也不无道理，关于她的身世，在白族地区的传说中，基本套用了佛教“九子母”的情节，在她的历史档案中，确实有过养蛊害人的严重过错，爱子如命的“后宫娘娘”在观音的教化下，终于痛改前非，改邪归正。观音让她专门管理养鬼养蛊婆。“飞龙”“飞虎”便是被她降服的“天蛊”和“地蛊”。“大理周城过去还有‘后宫娘娘庙’，她的塑像就坐在一条飞龙背上，脚下还踩着一只老虎，她的帽子上有各种动物、昆虫的图案”。（讲述人，周城七社，段继兰）

把“后宫娘娘”当“蛊神”崇拜，是白族地区的普遍共识。把那些袖手而立，胸前伸出两只蛇形动物的养蛊者称为“蛊神”，是有必要细心加以分辨的，民间鬼神不分的又爱又恨、既敬既畏的复杂心情，很容易使人产生错觉。民间甲马造型处理中，很注意形象情节的准确把握，如果是破蛊的神，一定会采用身披金甲，手挥宝器之类的高大形象来代表。如“天蛊之神”。

大理

弥渡

巍山

弥渡

弥渡

大理　弥渡

飞蛊
大理　弥渡

大理　周城

退　扫

“退扫”甲马流行于保山地区，明刘文征《滇志·蕃僰夷》中记载：

“在元江者，能为鬼魅，以一帚系衣后，即变形为象、马、猪、羊、猫、犬，立通衢，或直冲行人，稍畏避之，即为所魅，入腹中，食五脏，易之以土。”

明代以前元江地区的白族（僰夷）鬼魅传说中，“入腹中，食五脏”的“即为所魅”者，就是蛊。“甲马”中那位挥剑喝退邪灵五鬼者，就是专职除蛊的“退扫之神”。在近现代的祭祀中，“退扫之神”也参与了各种驱邪赶鬼的活动。

退扫
腾冲

腾冲

咒 神

在传说中，巫师可以通过咒术放蛊，也可以用咒语克蛊。甲马中的这位“咒神”当然是代表破蛊、克蛊、除蛊、灭蛊的正义一方。古书中有关用神咒破蛊的记载很多，《搜神记》载：“剡县有一家事蛊，人啖其食饮，无不吐血死……游（道人）便咒焉，一双蜈蚣长丈余于盘中走出。”

佛教经典中关于用神咒破蛊的经文并不少见，如《千臂千眼陀罗尼神咒经》《佛说八阳神咒经》《不空羂索神咒心经》等经文中都有：“九者不为蛊毒害死”，“当读是经……蛊道亦不幸，”“……厌魅、咒诅、蛊道不著。”只要执此佛教的神咒，“毒不能害、刀不能伤水不能溺，蛊毒厌蛊，非时横死，亦不能害”。民间还流传有《解蛊毒咒方》，其咒为：

“姑苏啄，磨耶啄，吾知蛊毒生四角，父是穹窿穷，母是舍耶女，眷属百千万，吾今悉知汝，摩诃。”

“腾越（今保山）所属土司中有杨招把者，亦能诵神咒，拨出蛊毒，活汉人而杀缅人”（《南中杂说》）。

这张保山、腾冲地区的“咒神”甲马，正好是清人刘昆《南中杂说》的形象注解。

巫师巫术

巫师 大理地区的朵兮薄（巫师），中老年妇女居多数，多为劳动种田的农民，施巫行术只是“副业”。巫师有家传世袭的，也有拜师传授的。在平常的生活中与周围的人无任何区别，在重要的施法行术时才穿戴有标志性的服饰。家中一般都在祖先堂旁边设有神坛，神坛布置很简单，无牌位，无偶像，只有红黄蓝黑白的各色纸旗，一个香炉和一对清油灯。

巫师的最高神是本主，自称是本主的“弟子”“使者”“替身”。她们的法力是能够沟通本主、鬼神为祈祷者传达神的旨意及请神驱邪。

巫师的法器有：羊皮鼓、小铜锣、师刀。占卜时用鸡蛋、铜钱、羊角卦。

巫师都能歌善，能背诵各种祭告文辞，如《请神辞》《问魂调》《本主疏》《报恩曲》等，还有各种秘传的咒语。

主持本主会是巫师一年中最忙碌、最露脸的时刻，由巫师主持举行全村，有的是几个村子到一起的集体祭祀活动。

巫师的职能有香通占卜、祛病解厄、驱鬼祈年、求雨排涝、阴司间魂、叫魂还魂，送鬼赶鬼，请神谢神，除毒治蛊，撵邪过关等。

看香火 “看香火”即燃香占卜，是巫师最通常的巫术之一，如家中有人生了病，主人到祖先堂前摆香磕头，向祖灵祷告，这叫“许香”。第二天拿着香到巫师家请巫师看香，巫点燃香，反复地观察，边看边跳，边跳边讲（唱），借神的口吻说道：病人冲犯了×××本主老爷的兵马。驱疫的办法是，备上供品向×××本主老爷谢罪。祭品一般为：金银锞子，衣服（纸剪的），米一碗，鸡鸭蛋5套，公鸡1只，红、蓝、黄、白、黑布5块，食品荤1套，素1套，甲马纸多种。在巫师的带领下，带着祭品到本主庙安坛请神。

“看香火”也可直接到巫师家，巫师从法坛上取来香，点燃后占卜病因或占卜吉凶。甲马的使用，绝大多数是通过看香火而“对症下药”配搭成套。

走　阴

杨宪典先生在他《大理白族原始宗教——巫教调查研究》一文中的“甲马纸（子）”一章中，详细地记录了巫师作法的全过程。

“巫师使用的法器是单面的羊皮鼓和小铜，他在下阴曹或作法前，先跪到准备要祈求的那尊神灵（用红纸写的神号）面前（焚烧甲马）……只听巫师‘嘟’的一声，表示神灵已经附在他身上，他大喊“吾乃某某神是也。”这叫作‘发马’，紧接着就是神灵借口传言，巫师叫作神的‘吩咐’，……叫作‘传神’.......（最后巫师念到）‘吾神回马’或‘吾神勒马回朝去也’（而结束）。

阴间寻找亲人魂，（问魂者）先到自己祖先堂‘带魂’，……一路上还不时磕头，向路神，桥神乞求放行。（到了巫师家报上亡者姓名生辰，巫师开始“发马”）巫师取出‘甲马子’烧了，又打发他的一对阴司童子（两个小纸人）也烧了，意思是叫它们跟着‘甲马子’去阴司寻找鬼魂。”

作法时巫师还要念唱催人泪下的《问魂调》。

洱源乔后区丰乐乡“上刀山”之甲马纸

保山地区“刀梯”上的马纸

甲马与民间祭典活动

上刀梯　在本主会或村社重大典礼活动中，表演“上刀梯”“下火海”时更是离不开甲马。

扣人心弦的“上刀梯”表演十分惊险，是用磨得非常锋利的砍刀架成刀梯，一般为十二级、表示一年的十二个月，闰年则增加一级。表演者都是训练有素的巫师，他们光着脚板，一步一步踏着刀刃爬到梯顶，又一步一步从梯顶踏下来，如此上下一轮，光脚板上竟然无丝毫划破。

“‘刀梯’的布置很有讲究，梯上插有各色的纸旗，每一级横放的砍刀两头贴两张甲马，（甲马种类与祭祀内容相关）梯子顶端又称“法台”，“法台”上插一把三戟铁叉，叉尖上插有串联起来的甲马，这些甲马内容都为喜庆祝福之类，表演中，巫师在“法台”上挥舞三戟铁叉时，甲马随风飘落，围观群众争先去抢，抢到的甲马回家贴到墙上能得到神灵的保佑。表演结束时，贴在砍刀两端的甲马也同样被观众争抢一空”。（章虹宇提供）

笔者曾目睹过洱源乔后上刀山的表演，确也发现巫师小腿上扎有用黄纸印刷的甲马。要想收集此类甲马很不容易，巫师不肯轻易示人，经过一番周折才答应借一张复印。复印到手时才发现甲马并不特殊，非常一般。经巫师讲解，用于“上刀山”“下火海”及“驱鬼”表演时的甲马是已经附了魂的，这魂来自天上地下、四面八方的众神之力，表演完毕还要在半夜里举行“送魂”的祭祀，“送魂”祭祀中有感应时才用火焚烧。照样，在表演前要举行秘密的请神仪式，各种神祇的甲马在请神时焚烧。

下火海 在大型的撵鬼仪式中，下火海的场面也使人叫绝。

地上烧一大堆柴火，巫师围着火跳神念咒，等柴火燃成木炭时，为首的巫师光着脚板，在火红的木炭上来回走动，边走边唱，边唱边舞，还不时地用光脚板去翻木炭，“观察”一下邪鬼被烧焦了没有。最后在火堆中腾空翻滚，表示已经找不到邪鬼的影子了。表演结束，巫师还要把脚板伸平让观众看，确认脚板上确实没有任何的烧伤痕迹，以此来证明撵鬼祭祀成功与否。

喜洲

咬犁头 咬犁头，是把五六斤重的铁犁头放到火中把它烧得通红，然后，巫师裹一张黄纸甲马，用门牙咬住犁头，四处驱鬼，咬犁头，在上刀梯和下火海时使用，把表演推向高潮。

巫师讲解，在下火海和咬犁头时，有“雪山太子”或“雪山娘娘”的神附在他们身上，在请“雪山太子”或“雪山娘娘”时用的是《雪山令》。

咬犁头上刀杆的女朵兮脸上擦着白粉，口里唱起《雪山令》开始表演，唱词是：

“三步当作两步走，
两步当作一步跳。
一步跳到雪山娘娘你门前，
双手把你门掷开，
热来就是热似火，
冷来又是冷如霜，
一更天气下冷露，
二更天气下冷霜，
三更天气下大雪，
四更天气雪上又加霜。
五更天气金鸡来报信，
六更天气山中树木挂铃铛。”

唱完，那擦白粉的朵兮就拿着一叠约有3公斤重，据说用酸醋泡过的黄纸钱，把烧得通红的犁头用鸡血喷过，咬在嘴里，然后“噔噔”顺着刀杆往上爬去。下面的朵兮则猛敲钢锣为她助威，在场的观众也为她高声叫好。她向众人点头致意，咬着犁头顺着刀杆下来。表演完毕，朵兮门继续唱一阵，朵兮重新登上刀梯，把盛有馍馍、钱币、一壶酒和一只公鸡的提篓吊下给主人，表示祝福。接着丢馍馍和钱币给群众，仪式很像白族竖房子丢馍馍。有时，朵兮还在刀梯上唱神歌白族调以逗乐群众。最后，拆了刀杆，烧掉甲马纸钱，法事就算完毕了。

［调查地点：鹤庆县关、金墩、辛屯等乡镇；调查时间：1989年5月；调查对象：越灿然，董根生；调查整理：张海福，杜宽活（均为白族）］

捞油锅 在三脚架上放一口铁锅，锅中盛满香油，熊熊烈火把油锅烧得滚开，巫师把手伸进油锅，然后用手在病人身上比画一番，如此来回数次，表示已将病人身上的邪气抓到手，放进了油锅煮死了。

油锅中会事先放几枚石子，通过到油锅中去捞出石子，用石子占卜吉凶。

有时也有用捞油锅的形式来判断民事纠纷，称为“神判”。

“下火海”“咬犁头”“捞油锅”这些与火相关的表演，事前都要祭祀“雪山太子”或“雪山娘娘”。据说，专长表演这些项目的巫师家中都设有“雪山太子”的神坛，按时到神坛前祭祀，祭祀时虔诚地焚烧甲马。

雪山太子

雪山娘娘

安坛 巫师在举行“上刀梯”“下火海”“捞油锅”等惊险诡秘的祭祀表演中，都有两个重要的内容，即“安坛”和“起坛”又叫“请神”和“送神”。在驱邪鬼的祭祀中，要请来许多天兵神将，五路五道刀兵，这些请来的兵马分成上坛兵马和下坛兵马。所谓上坛兵马是县城内各位本主及其手下的兵马，下坛兵马是各处山神、各路杂神及其手下的兵马。甲马中的上坛兵马和下坛兵马容易区分，一般把本主及山神和杂神都称为神，他们的手下或部属称为鬼。所以在甲马中，不能一见到鬼就与邪恶联系起来，甲马中面貌狰狞的“五路刀兵”“五路兵马”都是本主的武装部队，“五鬼”是山神的部下，“阴兵”是城隍的战士，这种鬼神不分一物两用的多变性，使民间宗教产生了多层次的复杂性。

“全坛”：把“上坛”和“下坛”合二为一，小小的画面上浓缩了所有的甲马之神。“全坛”甲马主要在祭祀的尾声谢神，娱神时使用。驱邪撵鬼时，目的明确的祭祀，要请专职的神，“全坛”甲马不能乱用，与某神无关时就不要惊动他，否则会因得罪神灵而受到惩罚。

巫师举行祭祀仪式时首先要设坛。

“设坛即是布置巫术神堂。巫术坛分上下两部分，供桌以上称上坛，供桌以下称下坛。……（朵兮始祖）牌位上画满各种符咒，中间是‘上通三十三天，下游十八层地狱，五岳四海神鬼天灵地灵大师’的衔文。牌位前是一颗用红布包着的泰山石法印，法印四周是九个石头围成的圆圈。鹤庆白族巫师，多取螺峰山顶的石头为之。……巫师的法器：羊皮鼓一面，羊角卦一副、师刀一把等。此外，供桌两侧，竖两把纸花，……供桌上方屋梁上，悬挂红黑两色的神幡，上用狗血书画着各种法咒。下坛设在上坛供桌下，摆设的均是赤身裸体，各形各式的泥人、兽骨、木桩、奇形异石。在这些偶像中间，有一泥塑的三头六臂，青面獠牙、披头散发的女偶像，置放在一张狗皮上，头顶一只草鞋。她就是朵兮供奉的护法神，称为‘歌然遭吐尼嗄鬼王’。”

［调查地点：鹤庆县；调查整理：章虹宇（白族）］

弥渡

全坛
弥渡

甲马与佛道

阿吒力是云南古代佛教的代表，其强烈鲜明的地方性，成了中国佛教史上一种最不好界定的游离于佛、道、释、巫术之间的特殊现象。实际上，近代的阿吒力比过去更趋民间世俗的实用，在其禳灾祈福的宗教活动中，不但也在使用甲马，参与或主持盛大的“脚力会”“本主会”，供奉的神中大量出现了甲马内容。

据张锡禄先生介绍：“文革”前，大理凤仪有名的世袭阿吒力董氏家中有各种甲马木刻板数百块，“文革”期间全部付之一炬。

“三界功曹”是佛教做斋时用的甲马，道教也有，“四值功曹”。功曹古代的一种官职，职能是为州郡长官记录功劳，保管功劳簿。宗教祭祀中的功曹，有点像现代的邮电员，专门把要“上达天庭”的表文呈送给神灵。

佛教的三界是指世俗世界中的欲界、色界、无色界，也解释为上界（天界）、中界（世俗界）、下界（地狱）。道教的四值是指值年、值月、值日、值时。佛教和道教的功曹是从方位和时间上来赋予职能，功曹本身没有明确的宗教区别。佛教和道教在做法事时往往两种同时使用，阿吒力使用的甲马中，这两位功曹也仍在尽力尽职地为老百姓服务。

“祭脚力”一般是一种由阿吒力主持的佛教仪式，由法师写好十八份诰，每份诰上贴两张“脚力”（共36张），还有两个纸扎的差头，差头挎包中置草鞋、干粮，再用竹片制十八个杆，念完“脚力调”后焚烧。在“脚力”身上阿吒力和巫术赋予的希是相

大理

脚力
剑川

同的：恭请“脚力”将财物送运到阴府，如实地交到亡魂手中。

大理地区广为流传的“脚力调”生活味很浓，都为顺口押韵的白语，诙谐有趣，经常引得听众开怀大笑，使沉闷严肃的宗教活动平添了戏剧性的娱乐性。

也有专门为了祭“脚力”的“脚力会”。“甲马神”是各路神祇的开路先锋，是人神之间快速传递信息的神圣使者。不过每次的祭祀活动中都少不了各种各样的香果茶酒、钱财衣服作为供品，大的祭祀中还有猪头、腊肉、大米、鱼、面条、红糖等食品，这些丰盛的礼品由谁负责把它们送到神或阴府那里呢？聪明的劳动人民发明了一位吃苦耐劳、忠诚可靠的劳动者，他身材高大、气力马壮、忠厚老实，专门负责送运礼品。劳动人民创造的劳动者备受劳动人民的喜爱，他的地位竟然超出了诸神，因此，他拥有一个特殊的庙会。

《脚力调》片段

引子

脚力你是哪里人？
城隍老爷派来的。
城隍派你来做啥？
当抬杠[①]脚力，

正文

“脚力”你们太大意，
在客店里拌“糖烟”[②]。
妻鞋你也偷去卖，
吹得了几天！

息在客店要小心，
老板娘上莫挑情。
要是被老板发现，
难保你性命。
“脚力”挑担往北走
大鬼小鬼跟后头。

大理

大理

……

尾声

讲起话来说不完，

时间已晚回家屋。

保佑祖先得超生，

斋主增福禄。

注①抬杠：“脚力”两人抬的一个箱箱，分黄杠，红杠两种，黄杠送城隍，红杠送亡灵，黄杠内装金库子银库子（纸做的），红杠内装一般的小金银库子。

注②糖烟：鸦片烟抽过一道后，烟子结在烟斗上挖出来的晶状体，是下等人抽用的。

祭“脚力”时，用蔑扎成两个“伕头”，头裹包头，身穿羊皮褂，脚蹬草鞋，肩挎皮褡裢。褡裢一头装一个粑粑，另一头装一点炒面。左手提锣，右手持打锣捶，作打锣状。“伕头”后面跟着排数不等的“脚力”，两人抬一杠。祭礼开始发牒时，要先用公鸡为“脚力”开光，念咒画符，然后启动。送亡灵和祭“脚力”就在一天，祭礼由道官主持。民国三十七年（1948年），戊子，西门外景风阁北娘娘庙踩桥，祭过一次，由乡绅杨继元及县长张开琼主祭。

（以上材料由张文勃先生提供）

民国三十七年剑川举行的“祭脚力”规模不小，由乡绅和县太爷主祭，“祭脚力”是在娘娘庙举行，娘娘庙就是供奉白姐圣妃的本主庙，主持者虽为道官，但祭祀在本主庙举行，可见“脚力”与本主关系之密切。

“祭脚力”是佛教阿吒力或道教的一种传统仪式被巫术所借用，或者是民间宗教中群

众喜闻乐见的一种活动被阿吒力和道教所吸收，这是有待于进一步研究的学术问题，不过，不管谁在主持这种仪式，使用的“脚力”都是一种雕版印刷品，祭祀中用火焚烧，这两个特征与“甲马”宗教仪轨很接近，云南阿吒力和道教借用民间甲马的可能性很大。“阿吒力为人‘解结’（解冤结法事）时，用的是《解冤结》（甲马）、盟誓仪式要敬《咒诅盟神》（甲马）。”“阿吒力念经‘送煞’用的甲马叫作丧车神煞、鞅（秧）煞之神。”（李伟卿《云南民族美术史论丛》）

谁也说不清，这些相同的神祇是巫术借用了阿吒力和道教，还是阿吒力和道教借用了巫术。阿吒力和巫术的服务对象皆为民间老百姓，生存环境皆为本主信仰的地区，历史背景皆有鬼文化的传统，三者之间的互补互渗的现象是极正常的事，正是这种无法分割和回避的渗融结果，构成了云南民族宗教文化的整体个性，使云南甲马更加绚丽多彩。

三界功曹
大理剑川

艺术散步

中国复制木刻与创作木刻

“中国古人所发明，而现在用以做爆竹和看风水的火药和指南针，传到欧洲，他们就应用在枪炮和航海上，给老师吃了许多亏，还有一件小公案，因为没有害，几乎忘却了，那就是木刻。”鲁迅先生在《近代木刻选集（一）小引》中不但提出了是中国人发明了木刻，而且在十四世纪初，“大约是印着极粗的纸牌传入欧洲后，被欧洲人发展成了使中国人望尘莫及的艺术品。”30年代，中国人又将欧洲的木刻作为一种时尚新颖的艺术创作引进回国，木刻的诞生地却一直只流行着千年不变的复制木刻。

创作木刻和复制木刻的区别在哪里？鲁迅先生对创作木刻的描述是；“不模仿不复制，作者控刀向木，直刺下去。”而复制木刻“意在精细，临刻之际，有一张图画作为底子，既有底子，便是以刀拟笔，是依样而非创作。”也就是中国人的“绣样”。鲁迅先生的理论界定一直影响着中国现代版画的发展。不错，中国古代流行最广的小说绣像或书籍插图以及民间作坊生产的年画，都是由画家用毛笔根据中国“十八描”的线条画出底子，再由刻工精细准确地将这些毛笔的韵味刻出来，母版制好后再印刷成品。分

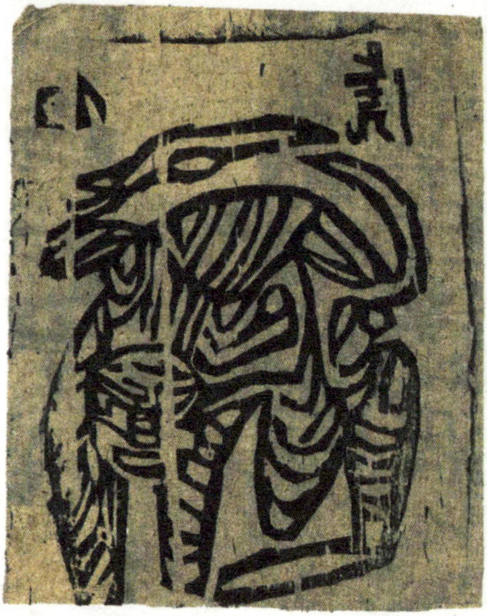

白虎
张亚平　提供

飞龙飞土
吕胜中　提供

魏山

弥渡

工很细的这类作品，其艺术效果仍保留在线描的审美层次上，很少以刀味和木味作为获取审美效应的自觉追求。

鲁迅先生对欧洲和中国的木刻比较是深刻而精辟的，不过，30年代的美学视野还非常狭窄，中国艺术条目中还不可能有民族民间的位置。民族民间的东西都被视之为登不上大雅之堂的土野和粗俗。近几年出版的所谓社会学科研工程的“中国美术史”，“中国版画史”，民族民间的艺术奇葩仍然很难有在祖国百花园中绽放的机遇，尤其是没有教养的巫术中艺术甲马。

甲马在中国宗教史上的意义已早被史学家所重视，甲马在中国美术史，尤其是中国版画史上的地位，也应该得到肯定。他的历史价值首先在于：中国并非没有“创作木刻”，只是没有被发掘和引起学术上的重视。

《中国古典文学版画选集》（傅惜华编）可谓集中国复制木刻之大成，线条的讲究，刻工之精湛，造型的准确，画面之典雅，充分展示了东方文明的温良恭谨让。如果我们把“甲马”与之比较，反差极大的艺术情趣会产生强烈的对比：前者是紫砂盆中的幽兰，后者是野外荒岭上的杜鹃花；前者是月下轻吟，后者是高山放歌；前者是理性的知识，后者是感性的直觉；前者的形式感应是阴柔之美，后者的视觉张力是阳刚之气。在艺术美学的哲学思辨中，两者根本不存在好与坏的区分，不应该，也不可能用传统习惯的审美情结去界定出他们之间的艺术品位。

有意味的形式

当西方美术摆脱了写实传统，正在竭力去捕捉艺术原始本能而掀起现代风潮之际，中国人又一次激起了如当年引进创作木刻时的热情，激动之余，蓦然回首，我们一定在惆怅和迷惑中惊奇地发现，甲马中也有西方现代艺术的前卫精神。

在收集甲马中，几位好朋友经常书信往来互相交流，信中不乏“我找到了毕加索”。“又发现了凡·高和马蒂斯”。这些纯然出于一时激动的形容和比喻并非毫无道理，甲马外观的艺术感觉中确实散发着大师的格调、品位、风度、气质，这种微妙的精神默契，也许正是艺术最本质的本能生命力在文盲和大师之间虚拟出的一道彩虹。中国老祖先提出了“返璞归真”“大象无形”“童心论”“性灵学”“宁拙勿媚”“似与不似”“不似而似”等。这些“玄之又玄、众妙之门”的艺术口号，中国的文人学士们在津津乐道中却便没有走出“文以载道”的边线，民族民间的艺人们在不自觉中反而成了先哲们最忠诚的实践家。

当艺术越来越庄严神圣，艺术概念越来越烦琐冗长，艺术实践者在唯一的一条道上拥挤不堪，在重复中颇有些不耐烦时，“有意味的形式”仿佛投向池塘的一块大石头，四溅的水花，荡漾的碧波，新的艺术视野重新去找回失去了很久很久的本能、本源、本体、本质的原始活力，非洲的野蛮，美洲的土著，玛雅的神奇，东方的玄秘，崖画、面具、剪纸、木雕、皮影……一切“缺乏教养”的东西，放进了博物馆、美术馆，供有教养的人去欣赏研究，甲马正是通俗、直接、天真、自然、朴实、自由、随心地释放出的一种“有意味的形式”。

汉画像砖中那些人首蛇身的怪物竟然

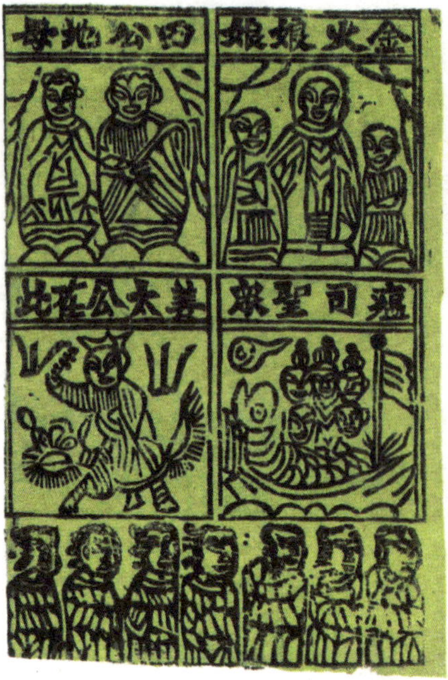

昆明地区

青龙
张亚平　提供

替身
保山

就是中华民族的祖先，艺术和现实之间产生了梦幻般的差别，只有懂得了艺术与现实之间的差距，我们才不去怪斥美丽的嫦娥为什么拖着长长的蛇尾。甲马中的“巨龙娘娘”的形象反射着“古之神圣女……人面蛇身，一日中七十变”（《山海经》）的古老思维。

发达的想象力和想象力的发达，并非来自完善的理论系统和严格的技巧训练。天真的灵气成了艺术家一生追求的最高和最终的境界，民族民间信手拈来的意趣往往成了职业艺术家的奢望。“飞龙娘娘”是一位能为人类除疹的地方保护神，甲马中的她人首龙身，还长一对翅膀，面容慈祥，犹如化装的舞蹈者正在翩翩起舞。在她的身旁还有一位同样的男性起舞者，他就是民间传说中飞龙娘娘的丈夫，在敬仰神时，善良的心愿没有忘记家庭的存在。“秧煞之神”，“煞”是一种看不见摸不着的与蛊一样神秘的精灵。“煞”的精灵最常见的是附在秧鸡身上，农民在田间碰上秧鸡是一种不祥的预兆。宗教上的虚晃被具体成形象就须要简单的形象思维，简单的思维带来形象的简练概括而更加突出。人兽同体或人禽同躯是表达宗教玄秘的一种好手段，人身鸡首的“秧煞”在再简单不过的形象思维中诞生了。“飞龙娘娘”“秧煞”，还有似神非神的“雌雄二煞”，符号式的鱼，图案化的隼，几乎无法辨认的“山林草木之神”……都在未经改进或正在改进的原始意识中自然而然地流露出来。

寓意表象主宰了所有的原始艺术，远古先民的寓意对现代人来说往往成了无法破译的密码，崖画的魅力更多的就在于去破译密码。“甲马”的趣味也在于有许多朦胧的寓意引人冥想。“命符”中的鬼是那样的亲切可爱，“哭神”，满脸泪水的痛哭者就是神？或者是触犯了神的祈者？“阿姑之神”

中没有出现阿姑而只有欢迎阿姑的队形？手拿木匠工具的“木神”从树林中走来，木匠师傅所信奉的“木神”身上似乎还有另一层含义，……耐人寻味的寓意表象随处可见。

中国的民间美术是相对文人画而界定出来的，内地汉放地区的民间美术（版画）大都是职业的艺人，有生产作坊，其产品都为佛道神像，门年画。各自有世袭相传的画稿，有经验总结出的画诀，在市场左右下逐趋程式化，审美标准也在市场竞争中找到了规范。云南甲马也属民间美术范畴，与内地作坊生产出的作品之间存在众多的异趣。甲马市场需求也不算小，但各村社乡都有自己的生产制作者，广泛分散的格局阻碍了文化交流，更不可能产生承上启下的集团优势，这种我行我素的个体劳动者，成了缺乏主将统帅的游勇散兵，正是这种“法无定法”让甲马获得了最大的艺术自由空间。

有一种很奇怪的现象，当把这些缺少交流，缺乏统帅的分散作品汇总到一起时，明确统一的云南地方特色像聚光灯一样炫目，是什么一样东西在暗地里主宰着云南甲马？这种无形的统一力量，一方面应该来自宗教意识，是地方的宗教意识框定了创作的自由限度，另一方面是来自整体的地方历史文化背景和社会经济基础，原始的天真稚拙的直觉思维都离不开这个水平线，就像全世界的儿童画，那些来自发达国家或来自发展中国家的作品，在不同的历史文化背景和社会经济基础作用下产生了各自的地方民族风貌，但始终不可能跳出儿童画的智力范畴和稚拙的形式。

保山

周城

龙舟
张亚平　提供

保山

泪源

艺术·情感

甲马中有名目繁多的各种龙，如“飞龙”“飞龙娘娘”“芭蕉龙”“本方龙”“本府龙王”“癞龙”“五方龙”“青龙神君”“大黑龙”“小黄龙”“白龙”“大龙王”等，甲马中的龙造型千姿百态，意趣迥然有别，都游离于“似与不似之间”，达到了“不似而似”的境界。中国龙的造型神奇而华丽，龙头有眼、鼻、眉、额、牙、唇、舌、颌、水须、胡、触须、耳、角、发等，龙身上有腹甲、鳞、背鳍、尾鳍等。作为皇权的象征，龙的艺术刻画都是精细的工艺过程。甲马中的龙，把这一切烦琐的华丽删减到只剩下简括的艺术符号。

甲马的画面较小，一般都在15厘米×12厘米左右，较小的为10厘米×6厘米。画面空间使画中形象有必要简练，再加上雕刻工具的简陋，高度的概括和简练成了甲马造型的又一特点。人物的表情动态都趋于特征符号式的一种意象，细腻复杂的东西都被洗劫一空。身上很少有反转折回，凸凹起伏的衣褶变化，衣褶都处理成洗练的图案装饰。衣袖裤子都由两根弧线组成，中间添上一两条长线，生硬主观地填空补白，装饰效果中更增添不少“反常合道”的天趣。

甲马毕竟是诞生在中华大地上的一种艺术形式，中国古老的审美观念对它仍有很大的影响，云南甲马的历史追溯是来自中原汉文化地区，传入云南后经过云南特殊的处理而自成体系，但它的根和源仍离不开中国的大文化背景，因此甲马的塑形表象的手段仍然以线为主，线造型是云南甲马的风格主流。

甲马中的线，毫无文人画家总结出的“十八描”的笔意，更无书画相通的一波三

甲马套封　龙
大理

折和起承转合的笔趣。甲马的线是一种直言不讳，干净利索、随意干脆的轮廓线，是用来框界出物体形象的一种手段。艺人对线本身的审美价值毫不在意，线的回转运动都在为形象服务，也可以说线本身就是形象，线本身没有独立意义，线的责任义务是非常轻松的。不过，这些单纯轻松的线经过简陋和笨拙的雕刻之后，线产生了意想不到的生动变化。线的苦涩生硬，在迟滞的转动中，力量都聚集到了线上，一种内敛的力使甲马的每一根线都勃发出粗犷强悍的生命冲动。天真的造型，朴拙的形式，形式和内容在自然和谐中获得了完美。

在线的再度创作中，也许是雕刻时的粗心大意，或者是艺人不拘小节的随心所欲，他们手中的刀并没有把每一根线都交代得很清楚，线产生了粗细的变化，还出现了由几根线黏糊到一起的面，有意无意中产生了线和面的对比。“圈神”中的各种家畜，形象处理都是剪影似的一个大黑块，大面上简单地出现几条线条。许多神也采用了这种手法，面部五官是简练的线，身躯却是一个大面，大面中稍加几根表示衣褶或衣裤的分界线。大块面的黑色使甲马增加许多厚重感，产生了点线面的生动对比，也产生了现代概念中“创作木刻”的黑白关系。

在空间处理上，平面构成也是甲马的一大艺术特色。画中的一切物体，一切事件都在相同的平面上出现，多么复杂的情节都由平面分割来交代。画中不存在近大远小的透视，更没有为了平衡统一的视平线。如人物众多的“全坛”“五道”“五兵”，画中不同动态，不同道具，不同表情的人物，各自占据了自己的位置，他们之间有上下左右的方位区别，空间上平起平坐，却毫无纵深的距离关系。画中只有单独一个形象时，这种平面意识仍在支配着作者，面部已经侧

套封
大理

斜，但双眼仍一样大小的正视，手背向上屈举和向前平展没有生理上的区别，“瘟司”的怒发，“飞龙”的须鳍，都是简单的短线排列，正面站立的两只脚永远向外平展。平面分割的艺术手段使作品增加了天真烂漫的形式意味。

构图饱满也是云南甲马的风格特征。画中的形象多数是顶天立地，占据着整幅空间，人物显得有些空荡时，周围也要用花草卷云把空白填满，这种铺天盖地的构图法使画面大方整体，饱满而充实。

甲马艺术中最引人注目的是浓郁的人情世俗味。甲马中的众多神或鬼，包括佛教的菩萨，都是活生生的现实生活中的人。他们对神或鬼，在理解上是宗教的，在艺术形象处理时却没有离开他们视力范围的客观世界。他们不以程式框定的概念为前提，不受习惯审美标准制约，以所见所闻为造型原型产生的幼稚天真，反而显得更真实，更自我，更个性、更实在。甲马中的“观音”“大黑天神”“太上老君”这些佛道之神，“五鬼”“众神”之类巫术之神，他们的形象毫无半点矫揉造作、装神弄鬼和故弄玄虚的华而不实，神也好鬼也罢，都是实实在在，平平常常，有血有肉，有情有感的现实生活中的老百姓。这种不脱离世俗人情的美学基础源于“本主”文化。

被民间神话传说神化了的本主，实际上仍然没有离开客观的现实，人赋予神的力量就是人的客观愿望，人对神的崇拜只是一种精神依托，在神的身上反映了人的一切精神活动，本主崇拜从自然崇拜到神灵崇拜，最后的落脚点是对人自身的崇拜，即英雄崇拜。本主中的段思平、郑回、李宓是历史人物，杜朝选、段赤诚是为民除害的英雄，就是来自佛教的观音和大黑天神都是曾经为老百姓做过好事的好

甲马套封　凤
大理

人。基于本主信仰的这种朴素善良的世俗感情，本主都有夫妻儿女，有亲朋好友。段思平的女儿嫁到巍山，成了该地的本主，庙会时大理人要到巍山把她接回来和家人团聚，之后巍山人又到大理将娘娘迎回去。本主都有七情六欲，甚至会有男女之情的隐情。出现了本主老爹跑到别村与本主娘娘幽会，慌忙中穿错了一只绣花鞋的风流韵事。这种把神还原成现实的民族情感使本主造像民间世俗化，这种民间世俗的审美观念又深深地影响了甲马的审美情趣。

佛教或道教，在塑造偶像时，完全出于宗教目的，有意突出神的崇高庄严，造型手段往往以最大的可能将人神之间的距离拉得最远，将人的自然属性扭曲变形而异化成神。佛教造像有严格的规定，佛陀有“二十八相”，菩萨和金刚都有“造像仪轨”。甲马中的佛教神、如观音、地藏、大黑天、北方天，一旦加入了甲马的队列，造型上也就烙上甲马的印记，也就不再是高高在上唯我独尊的天上之神了，而成了普普通通的凡人，从遥远的九天落到了实实在在的现实生活中。

中国禅宗在中国思想史上的杰出贡献，是把人从神权中解放出来，将人还原成客观的真实。提出了“身外无佛”“平常心是道”“见性成佛”等尊重自我，尊重自然，尊重存在的口号，甚至出现了“毁佛烧经”的过激行为。甲马与禅宗根本不能扯到一起，不过，作为宗教范围的甲马，在对待神鬼时表露出的那种尊重现实，尊重自我，以人为主体的人文精神却与禅宗有异曲同工之妙。前者是自觉理念思辨的暴发，后者是天生自然情感的流露。甲马的这种非宗教形象思维，对现代的启示、在美学研究上的意义不可忽视。

套封
大理

五方车马
大理

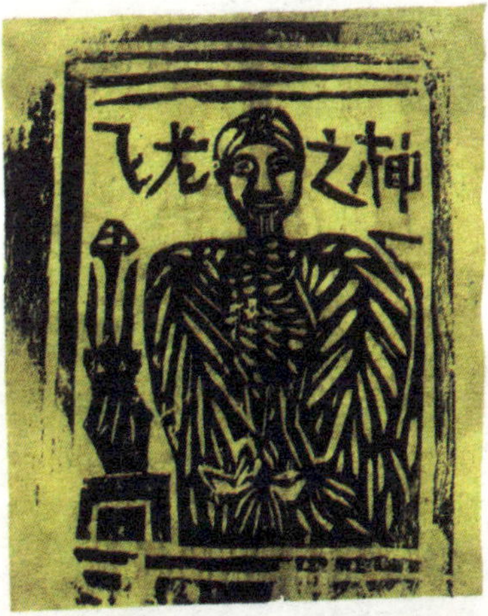

大理

大理

大理

泪源

大理

洱源

周城

火德星君
大理

刀兵水亡
弥渡

甲马制作

甲马原版，目前知道的较早的是乾嘉年间（1737~1820年）遗存的十几块，许多原版的年代难于考证，更多的是民国时期和新中国成立后雕刻的。原版用料都为细腻坚硬的梨木和杜鹃花木，雕刻工具只用一种平刃刀，雕刻线条形象时用刀尖，铲平底用平刃。工具的简单带来了画面的单纯统一，也在艺术风格上形成了云南甲马的一致性。在收集甲马时，许多出售者都在声称自己的版是如何如何的古老，实际上许多作品是不必看原版也能感悟到时间上的新与旧。现在的甲马，除了极少数是过去遗留的原版印刷品，绝大多数的版子都是新刻的，新刻的版子有几种情况，一是依据过去的印刷品复刻，这类新刻的作品中更多地保留了过去的韵味，仍然有一定的历史价值。另一种新刻的板子，是由现代人根据甲马的宗教内容，通过理解而后想象出来的，这种借理解和想象制作的现象，早在民国期间就已存在。如大理海东的“桥神”被画成一位国民党士兵，某村的“刀兵水亡之神”是一位肩扛步枪，头戴盘盘帽的军官，还有头戴西洋礼帽的“亡魂”，乘机动车的“车马喜神”。时代对艺人的影响和艺人对时代的感应，说明了制作甲马的随意个性化，也折射出甲马的宗教内涵在时代的冲击下，不断由诡秘神圣滑向世俗的通俗。这类作品很少有历史学意义，从艺术角度仍有保留的价值，可以避开宗教而把他们当成现代农民画，画中稚拙、质朴、憨厚、天真的情趣，很有研究和借鉴的现实意义。

还有一种现代制作的版子基本上是临摹现代画家造型的作品，如徐悲鸿的马被翻成了“马神”，动画片中的天蓬元帅换成了“猪神”，佛教的大肚和尚弥勒原封不动地搬到甲马中，这种不动脑筋搬用现成造型的懒办法，失去了太多的甲马气色，实在没有存在的必要。

甲马的可贵之处，全在于由制作者的理解和想象去完成规定的题材，就是这种全凭自我的理解和想象，产生了有别于专业画家的特殊意趣、特殊造型、特殊风格的“甲马语言”。

甲马的印刷材料，现在坝区都到文具店买现成的墨汁，把墨汁用毛刷刷到木板上，未干时覆上纸，用棕刷在纸上来回摩擦就完成了，这样印刷出的作品效果较好，线条清晰，墨色均匀，在山区，可能是为了降低成本，或者是已习惯了老办法，印刷原料仍然为土制品。一种是把锅烟和山上的一种叫“胶藤”的植物汁搅和而成，这种原料黑中透绿，色调沉着古雅，新印刷的作品也有陈旧的感觉，还有一种配方在山区偶有使用，将松木炭磨成细粉，用蜂蜜搅拌而成。这种配料质粗，有黏性，纸覆上后只需用手轻轻一抹便算完成，印出的作品不够清晰，细部容易粘糊。线条断断续续、朦胧不清、使作品透出一层神秘感，在不自觉中产生了意想不到的古拙，甲马也有印成蓝色和红色的，蓝色的原料是用植物板蓝根制成，把板蓝根的叶、枝、根堆集发酵，然后在水中浸泡而成。红色原料也是用植物“紫草”和青梅加盐熬成，也有用红土（赤砂石）磨细沉淀添胶而成。

甲马印刷用纸也很不讲究，一般都采用价格最便宜的草纸，包装纸。使用黄麻纸和白绵纸已算是很认真了。祈祷者购买甲马纯粹是宗教信仰的需求，用时必须焚烧，还有装模作样，手舞足蹈的巫师在主持，出售甲马者又往往就是巫师本身，对甲马的印刷质量几乎是毫不在意。

甲马中也有少数作品是贴焚两用，如“利市仙官”“和合二仙”“招财进宝”“吉祥安辰”“喜神”“财神”“灶君”等，这些甲马一身两用，该焚烧时焚烧，该张贴时张贴，这类作品的画幅也相对

精神甲马
大理

床公床母
大理

大理

套封
大理

大一点，用纸印刷都相对讲究一些，有时还简单地涂点色彩，色彩以红黄蓝三原色为主。涂色时是用土豆或萝卜制出印模，涂上颜料盖上去。

云南巫术文化给我们留下的除了迷信、落后、蒙昧的印象，也留下了民族意识浓厚的歌舞，音乐，文学和美术。云南甲马正是云南原始宗教遗存的本土民族文化色彩鲜明的一份珍贵遗产，他的价值和意义，历史、社会、民族、宗教、文化、艺术诸领域都引起了广泛的注意。不过，对他的了解和认识才刚刚起步，由于云南特殊的人文地理，文化悬殊的多民族杂居现象，孕育了云南宗教信仰的错综复杂，这种相互渗透反映了历史发展的多元交叉。对云南甲马的了解，离不开最基本的背景文化，历史文化背景是地域性民族文化的母体，任何一种文化现象的每一个细胞中都折射着生命符号的基因，只有借助于宏观的大文化，在寻找与逝去的岁月对话中，才能找到与个体独立的艺术品甲马交朋友的资本。客观真诚、无私、热情、坦率、投入、忘我是朋友的条件前提。

我们的努力只是一种介绍，对有志于登堂入室者在曲折的道路上铺几块碎石是我们最大的希望。

晋宁

大理

大理

大理

大发之神
大理

大理

套封
大理

桥神、路神、水神
大理